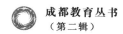 成都教育丛书
（第二辑）

我的思考
我的课堂

李海容 著

西南交通大学出版社
·成 都·

图书在版编目（ＣＩＰ）数据

我的思考 我的课堂 / 李海容著. —成都：西南
交通大学出版社，2020.4
（成都教育丛书）
ISBN 978-7-5643-6959-0

Ⅰ. ①我… Ⅱ. ①李… Ⅲ. ①小学语文课 – 课堂教学
– 教学研究 Ⅳ. ①G623.202

中国版本图书馆 CIP 数据核字（2019）第 136733 号

成都教育丛书

Wo de Sikao　Wo de Ketang

我的思考　我的课堂

李海容　著

责 任 编 辑	居碧娟
封 面 设 计	原谋书装
出 版 发 行	西南交通大学出版社
	（四川省成都市金牛区二环路北一段 111 号
	西南交通大学创新大厦 21 楼）
发 行 部 电 话	028-87600564　028-87600533
邮 政 编 码	610031
网 址	http://www.xnjdcbs.com
印 刷	四川煤田地质制图印刷厂
成 品 尺 寸	146 mm × 208 mm
印 张	9
字 数	237 千
版 次	2020 年 4 月第 1 版
印 次	2020 年 4 月第 1 次
书 号	ISBN 978-7-5643-6959-0
定 价	45.00 元

成學 功有 之良 都教

丙申春王 顾明远
成都市教育丛书

"成都教育丛书"学术顾问顾明远 2016 年 5 月题于成都

"成都教育丛书"总序

　　成都是我国西部重镇，文化历史名城，历史悠久，人文荟萃。成都人历来重视教育，有建于2100多年前的文翁石室，也有新世纪以来建设的优质学校。中华人民共和国成立以后，特别是改革开放以来，成都教育有了巨大的发展，率先普及了九年义务教育，率先进入了教育相对均衡发展的行列，教育改革取得了丰硕成果。

　　为了记录成都教育改革发展的轨迹，总结成都教育改革和发展的经验和成果，体现成都教育的历史积淀，展示成都广大教育工作者的实践创新、典型经验和学术成就，成都市教育局正式启动"成都教育丛书"工程。这是一项有巨大意义的事件，它不仅留住了成都教育工作者辛勤劳动、取得巨大成就的足迹，而且丰富了教育学术宝库，为成都教育今后发展奠定可持续的基础，同时必将在全国教育界产生重大影响。

当前，我国教育正处于由数量发展转变为质量提高的关键时期。国家正在制定 2030 年全面实现教育现代化的规划。教育现代化主要体现在教育的全纳性、终身性、个性性、多样性、信息化、科学性、国际性、法治性等多个方面。坚持把立德树人作为教育的根本任务，培养具有社会责任心、有创新精神和实践能力并具有国际视野的中国公民。关键是要树立现代教育的观念，树立"儿童第一""教育第一"的理念，以改革创新为动力，建设现代学校制度，改革人才培养体制和方式。教育要继承我国优秀文化传统，充分吸收世界优秀文化成果，建设具有中国特色的社会主义教育现代化体系。

我与成都教育有不解之缘。早在 20 年前的 1996 年，在我任中国教育学会副会长之时，就应成都市青羊区教育局之邀，参加了青羊区教育综合改革的论证会，中国教育学会又在青羊区召开过学校、家庭、社会三结合现场会。2001 年我任中国教育学会会长以后，首先将青羊区作为中国教育学会的教改实验区，以后又将成都市成华区纳入。自从 20 世纪 90 年代以来，我几乎每年都到成都。我到过青羊区、金牛区、锦江区、成华区、双流区、蒲江县，今年又到了青白江区。成都二十多年来的教育改革和发展，我可说是真实的见证人。

"成都教育丛书"邀我作序，我觉得十分荣幸，就写上这几句，是为序。

2016 年 5 月 30 日

注:顾明远先生系著名教育家、中国教育学会名誉会长、北京师范大学教授、博士生导师。

在分享中凝炼教育思想

　　李海容老师的新著就要出版了，这是实践者的著述，与学术家的意蕴不相同。学术著作倾向于思想之高、实践之上，属于思辨话语；行业从业者，即实践者的著作倾向于接地气，"疑义相与析"，在于分享经验。

　　这种分享，以自己"怎么做"为明线，牵动读者的阅读兴味；而暗线则是自己从业的思想趣味。因为分享，所以适众；因为分享，所以悦人；因为分享，所以悦己。有人说，"分享是一种生活的信念，明白了分享的同时，明白了存在的意义"。社会本身就是在"分享"中建立起来的。有人说，"分享不但能改变他人的命运，也能改变自己的命运，所以越是有成就的人，越懂得分享"。我们耳熟而详的"赠人玫瑰，手留余香"，就是对"分享"的赞美。

　　分享是教书育人者写作应执的态度。

　　这本书提供了分享的典型意趣，包括三方面：

　　首先，回眸"日子"，能够关联过往的成长和生活，才有分享的态度。

　　在这本书中，无论"朝花夕拾语文情"，陈述自己的语文教师经历，还是"且行且思赋正能""师者人生课中立""他者写真励后行"，李海容都以深扎生活的态度，凝炼自己的职业认知、从业经验和专业成果。例如，关于如何看待别人对自己语文教育专业影响的评价这一问题，李海容以诗来回答：

每一个人/都在生命历程中/塑造自己的风骨/行行复行行/也许，我们自己有心镜/然，他者的视觉/更接近真实/而我，更当作一份激励……

　　这既是一种生活态度，也是一种分享，能触动读者正确看待荣誉、赞赏和盖章红印的证书。

　　没有生活气息，只有形而上的思想、理论和策略，不能达成分享；即便真有学术创新，那也属于寡头话语。

　　其次，能够真正"看见"，视域有他人，有自己，才具有"分享"的底蕴。

　　"分享"是一种行为，关联着"谁分享"和"分享给谁"两个基本条件。分享必须能够有"看见"，既看见他人，也看见自己。对于著述者来说，看见他人，就是心中有读者，知道读者需要什么。看见自己，就是真正反映自己的思想，诚实地呈现自己的才情，获得阅读的"征信"。

　　李海容是善于"看见"的著者。在这本书中，她既反映出自己，也反映着他人；既分享自己的成长快乐，也分析自己的工作。在《大象舅舅》中，李海容有一段关于做课的心路历程。

　　多年前，陈明那首《快乐老家》感动过许多人。

　　快乐是人的心灵体验。

　　人需要释放压力，获得快乐；人需要快乐相伴，来抚平自己。

　　然而，面对纷繁复杂的世界，我们成人尚且视快乐为奢侈品。那么成长中的儿童呢？

　　儿童天性当然向往快乐。但客观世界是不是就完全能够给他们以快乐的体验呢？比如，遇到困难，如何以自己的办法，获得快乐的抚慰，给自己的成长，打上快乐的底色呢？

　　难道，快乐真的遥不可及？

其实，当我们真正想要寻求快乐的时候，"快乐老家"就在我们内心，快乐很简单！我们需要给儿童化快乐为简单的办法。

这，就是我设计此课的初衷。

做课是一份创造性工作，收入书中，与读者一起交流分享。李海容这段文字，针对教师创编课，有一种交流经验的意味。交流经验，文字不高高在上，只是"我"的思考和"我"的做法，心中有"我"自不必言；真切、诚实地体验渐及开来，又在低吟自己的经验，这就是心中有读者。所谓"乐事还同万众心"，这就是"分享"，个人不独占！

最后，提供有思想宽度的"世界"，就拥有"分享"质量。

著书立说就是为读者提供精神食粮。"送人玫瑰，手留余香"，要"送"的一定是"玫瑰"，否则，便没有"余香"盈手。

善于与他人"分享"者，会在自己的从业经历中，以独特的工作"世界"，激荡出一种"世界"的话语，留存一种基于时代的"共同记忆"。李海容在这本书中，为读者多视角呈现了自己的职业"世界"，既有叙述，也有思想，还有实践。这是一位小学语文教师的立体"世界"。

关于《狐假虎威》的教学设计，是李海容将自己的教学实践，置于统编教材的大背景中，从如何思考"用好教材"的角度，呈现了自己的思想、理念和策略。

教师研读教材，要去发现教材中蕴藏的"教学价值"，并融入课堂教学活动，使之成为有分量的内容；其次是基于课文文本的独特性，将教材意涵织入符合学生年龄特征的学习活动，让学生通过学习运动，内化为生命组成。

基于这样的思考，在设计本课时，注意提取教材的价值，活化教材生命，提炼修饰出学习兴趣，再灵活处理教材，最终改编课文为剧本，让学生在两课时学习后，自行排演。

　　类似的分享，既是自己的职业"世界"，又是小学语文教师的"世界"，时代性记忆强烈。

　　李海容是一位心不二用的小学语文教师，一路走来，坚实而从容，兴趣而智慧，达到了一定高度。笔者以为，李海容的《我的思考　我的课堂》是一线教师的心声和力著，应该祝贺，并且期望传播！

中国陶行知研究会副会长　　姚文忠

成都师范学院教授

2018 年 10 月 19 日

前行的路上，那一双双牵引的手

我对书，有一种特别的情愫。

从小就喜欢看书，长大了也喜欢看书，现在还是喜欢看书。

小时候，我爸最骄傲的一点，就是我看书几乎能过目不忘，常常是看完一本书，就能绘声绘色地讲给其他小伙伴听。

但，从没有想过，有一天，自己会出一本书。

这本书能面世，得益于很多人的鞭策、鼓励与提点。

姚文忠老前辈不止一次地循循善诱："你要把你的那些想法写在书里""你每次的讲座都要整理成文字，将来著书立说。"

我笑呵呵地点头应和，就是不行动。

刘晓军老师不止一次地旁敲侧击："你可能要出一本自己的专著噢！""你要争取出一本自己的专著噢！""你必须要出一本自己的专著噢！"

我笑哈哈地点头应着，就是不行动。

黎炳晨老师不停地嚷嚷："你把你的课例和你的思考好好写下来出一本书嘛！"

我没笑呵呵，也没笑哈哈，我沉默：要不，就试试？

太不好意思面对如此热心的大家了，那就试试吧。

……

静下心来，默默地思考，默默地整理，竟然整理出了十多万字的初稿，我给它定了一个非常朴实的名字——《我的思考　我的课堂》。

整理书稿的过程，蓦然回首，才发现，站在讲台上的我，得到了太多专家前辈以及同道好友的关爱、提携、帮扶。

感谢姚文忠老前辈百忙之中为我提笔写序！

感谢何立新导师的悉心指导和专业建议！

感谢余小刚老师的妙笔修改，点石成金！

感谢许双全老师、于泽元教授、殷宗祥老师、刘晓军老师、罗良建老师、刘文虎老师精准专业的课例点评！正是因为有诸位老师的指引，我才能比很多人幸运，一直在课堂上持续成长。

感谢金牛区教育局的领导，不断为我搭建发展的平台，让我站得更高，走得更远。感谢锦西小学的每一位伙伴，如此呵护、支持我醉心于专业的研究和发展。还有我的名师工作室那些优秀的年轻伙伴们，给我信心和力量，促使我不敢有丝毫懈怠。更要感谢重庆树人研究院，在群文阅读研究方面为我提供的强大平台。本书中群文阅读的课例绝大多数都选自他们研发的读本，让我的课堂成为学生喜欢的地方。书中对群文阅读教学的思考，许多地方都源自王雁玲、于泽元、何立新、许双全几位专家的研究带给我的启迪。

感谢我的父母，给了我聪慧的大脑和健康的身体，让我有旺盛的精力应对繁多的事物，唯独少了对他们的陪伴！

更要感谢我的先生和儿子对我的欣赏、鼓励、包容和不计回报的支持，让我能够心无旁骛地专心做专业的事。

感谢有那么多喜欢我的课堂、为我的每一点进步鼓掌加油的老朋友、新朋友……

噢！挂一漏万，需要感谢的人实在太多，在此我无法一一将你们的名字列出，但请相信，你们的名字一定清晰地印在了我的心里。

最后，一定要感谢成都市教育局，让我不曾敢有的梦，竟然成了真。

李海容

2019年1月

CONTENTS 目录

师者人生课中立

他者写真励后行

朝花夕拾语文情

人生，是一段连续的情节

春夏秋冬，是时间的情节

职业行程，是价值的情节

我的人生，以语文的名义

编织个人理想承载的剧本

主角是儿童，意境是童话

语文就是我的童话

一、怎一个缘字了得

> 缘：【yuán 缘分】解字："因也。又循也。"
>
> ——《玉篇》

我从小就喜欢语文，喜欢读书。

小时候住在教师进修学校，有机会从图书馆借到好多图书。那时假期里老师不会布置阅读任务，但我的假期都是在书籍的陪伴中度过。一放假，我就从图书馆借出想看的图书，小些时候的《安徒生童话》《格林童话》《伊索寓言》《中国民间故事》，大点了就是一整年的《故事会》《少年文艺》《古今传奇》《小说月报》《中篇小说选刊》《星星诗刊》以及一本一本世界名著。书读得多，作文自然写得好，习作常被老师当作范文在全班朗读，于是愈发喜欢语文。

选择教师这个职业，一半因为父亲的缘故。因为喜欢看书，所以脑子里装满了故事。最重要的是，我还热衷于把这些故事讲给身边的小伙伴听。我的父亲曾是一名高中化学老师，也是一名优秀的中学校长，当然后来工作几经变动，最终离开了学校到了进修校工作。他看到那些小伙伴总是被我绘声绘色的讲述吸引，觉得我适合当老师，也觉得女孩子做老师整天和学生打交道，单纯！所以，建议我考师范院校。还有一半，则因为我自己喜欢。从小在学校长大，身边的叔叔阿姨都是教师，耳濡目染，自然对教师这个职业情有独钟。我就是喜欢当老师，喜欢站在课堂上，和学生在一起交流分享。

那时上师范要面试，面试的老师说："这女孩真是块当老师的料！"就这样，我高高兴兴地成了一名师范生。

在校期间，艺术选修课选的是音乐学科，琴弹得很不错，音乐老师很是赏识，毕业之前专门找我谈话，推荐去一所学校做专职音乐教师。这在别人看来是千载难逢的机会，我却一点也不高兴，因为我一直念想的是做语文老师，于是毫不犹豫地婉拒了导师的推荐。求学期间，代表学校参加一个全市的演讲比赛，获得第一名的好成绩，被峨眉一小的黄大敏副校长一眼相中，于是把我举荐给了峨眉一小的舒仁富校长。峨眉一小当时正处于快速发展时期，求贤若渴的舒校长多次登门游说我的父亲。于是，毕业后，我来到了峨眉一小，如愿做了一名小学语文教师。

二、为有源头活水来

源：【yuán 源头】解字："水之本也，众水始出为百源。"

——《说文·注》

峨眉一小是一所省级示范校，舒校长是一位具有开拓精神和创新意识的资深老教育人，与成都试验小学苏文钰校长是好朋友。当时的峨眉一小与成都实验小学正式缔结为姊妹学校，两校的交流深入而频繁。

刚到峨眉一小，我就被学校多次派往成都实验小学跟师学艺，受到苏文钰校长和学校老师的悉心指导。张玉仁老师的课我反复听，自己的课也被实验小学的老师反复指点。这，对于一个刚刚踏上教学岗位的年轻人来讲，是多么重要的实践机会。我永远都记得，踏上工作岗位不到两年的我，就代表乐山市参加全省优质课竞赛并取得了优异的成绩。为了让初出茅庐的我取得佳绩，学校的周庸康副校长不辞辛苦地带着我到不同的学校反复试教。我永远记得，参赛时的发型是成都实验小学一位老师亲自为我编的辫子。因为觉得我的服装颜色不够亮丽，一位老师毫不犹豫贡献了自己新买的套裙。这么多年过去了，我一直不知道那套衣服到底是成都实验小学哪位老师的。我一直都心存感激，如果有机会拿着上课照片去实验小学问问老同志，不知道是否还有人认得当年衣服的主人？我真想当面跟她说声"谢谢"啊！

"问渠哪得清如许？为有源头活水来。"只有不断更新自我，才能拥有给予学生的一泓清泉。我像春天刚出土的笋芽，拼命地汲取养分，不断地拔节长高，在学校、市县教研员的关心和指导下，迅速成长为当地的语文骨干教师。

因为喜欢教书，因为喜欢语文，所以我每天都带着愉快的心情工作，哪怕一周有三四次对外接待课，也不觉得是负担，总是愉快地把我的课堂呈现给所有的来访者。在一次次的锤炼中，我的教学越来越大气成熟，逐步形成了"新、实、活"的教学特色，多次为省、市教研活动担任现场示范课教学，并多次就语文教学中的相关专题在各级教研活动中做专题发言。我先后担任乐山市小学高级教师任职资格培训班授课教师、乐山市小学校长培训班讲者、两届乐山市教师中级职称评审委员会委员、四川省首届实验小学课堂教学改革现场研讨会语文示范课教师、四川省小学思品教材培训及教学研讨示范课教师、四川省基础教育课程改革典型示范课例教师、四川省小学思品优质课比赛评委、四川省联合国世界妇女基金会女教师培训班示范课教师……还先后担任三个省级科研课题的主研工作并取得丰硕成果，获四川省人民政府首届教学成果一等奖、乐山市人民政府首届教学成果特等奖、四川省人民政府教学成果两项三等奖等多个奖项。我有多篇文章在国家级、省级刊物发表或获奖。因工作业绩突出，1995 年 5 月我被评为"乐山市教坛新秀""峨眉山市首届十佳教师"，被峨眉山市政府命名为"为峨眉添光彩先进典型"，并在全市人大、政协代表大会上作专场事迹报告。1996 年，我被破格提升为小学高级教师，成为当时乐山市最年轻的小学高级教师。我快乐地教着我的语文，从未有过贪心的想法，一切皆因喜欢。然而真的是天道酬勤，2002 年 3 月，我被评聘为中学高级教师；2006 年获得四川省小学特级教师的荣誉称号。

三、伸援浔惠岂受者

> 援：【yuán 支援】解字："救助也，接也。"
> ——《集韵》

在我的成长过程中，得到过很多前辈和同伴的帮助，唯有努力工作方能回报无数知遇之恩。

从教多年，工作之余我一直勤于笔耕，至今有 60 多篇文章在《语文教学通讯》《小学语文》《小学语文教学》《四川教育》《教育科学论坛》《语文建设》等杂志上发表，主编、参编了 16 本群文阅读相关读本、教师用书。作为一名教育工作者，我一直心系边远贫困地区教育，积极参加支边支教活动，曾到乐山市的峨边县、马边县支教，上示范课，举行专题讲座，在为教育的均衡发展尽一份绵薄之力的同时，也使自己的教育教学日趋成熟。多年来，我就这么静静地坚守在语文教学第一线，不断丰富自我，不断沉淀自己。机会总是青睐有准备的人。2009 年，经过层层严格选拔，受教育部委派，我有幸成为教育部第五批、四川省第一位小学语文教师到香港教育局语文教学支持组担任一年的指导教师工作。因工作出色，期满后被香港教育局留任一年，担任新一届赴港教师的领队工作。

来自内地西部地区的我，要获得香港同行的认可和尊重，要让他们挤出时间来与我探讨，要让他们从我这里得到教益，需要扎实的学科素养、精深的教研见解，还需要个人的魅力与智慧。我用自己的专业和敬业，圆满完成了各项工作。我曾在香港教育局举办的面向全港小学中文教师的专业发展活动中担任专题讲座主讲，深入浅出的讲座受到与会者高度赞赏。在港期间，我多次为不同协作学校中文科老师做专题讲座，参加深圳、香港两地教研活动时担任评课嘉宾，在香港教育局组织的面向全港中小学中文教师的周年分享会上，担任嘉宾访谈环节的访谈嘉宾，做了"在以生为本的前提下，谈照顾学生的多元发展"主题访谈。我还受邀担任香港教育局《语文教学荟萃（2009—2011）》MST主编工作，还很荣幸地应邀出席香港创新教育国际研讨会并担任示范课评课主评嘉宾，担任2011年香港优秀教师选举评审组评委。在港期间，我成功促成了四川省教育厅和香港教育局的友好合作交流，香港教育局和四川省教育厅于2011年4月在成都举行了"川港两地国际化教育研讨活动及缔结姊妹学校活动"。

　　鱼游于水中，冷暖自知。身处香港，才深切地感受到"东方之珠"的魅力。这里，香江幻彩，商品琳琅，楼宇高峙，海风送爽；人流摩肩接踵，语言奇怪多样，生活风俗万千，文化多元交汇。作为一名内地的教师，生活轨迹发生了改变，多了感受，多了体验，更多了思考。我有很多机会去探访香港不同的学校，去香港培侨小学听香港名校长专题讲座，去香港科技大学听大学教授专题讲座，去香港中文大学听教育专家专题讲座，提问环节与讲者直接对话，去参加丰富多彩的教学交流活动……在多彩的教育生活体验中不断提升自己的综合能力。

　　当然，在港两年，不只感受到都市的繁华，也不只留念海港的旖旎，多元的文化、开阔的视野、先进的理念，或许能给我一个全新的认识。在内地生活了四十多年，习惯了已有的规则与观念，依循着既定的生活与工作，终于，跳出旧有，在一个全新的环境中塑造自我。教学与科研，在内地摸索了二十多年，有过挫折，有过成功，身处其中，或许难以完全地认识自我，也难以更好地提高与前行。来到香江，转换了一个视角，更换了一种心态，或许，能对自己有一个更好的观照，也是在一个新的起点上鞭策前行。照顾差异、全人教育的教育理念，逻辑性、条理性的行事风格，实用性、显证性的工作追求……我在工作中不断地感受、思考、汲取，期望从香港的教育中找到我教研工作新的突破口。一时感念，恐稍纵即逝，于是在工作之余，不忘信笔抒写，竟也有了十多万字的随笔杂想，极大地提高了我对教育的思考力和判断力。

　　如果说香港两年的教学指导教师经历是对我的教育思想、教育理念的一次升华和洗礼，那么，2013 年赴美国培训华文教师则是对我的一次全新考验。为推动华文教育在美国的发展，应全美中文学校协会邀请，国务院侨办派出三个名师巡讲团，于 8 月 8 —27 日，赴美国担任由中国海外交流协会和中国华文教育基金会主办、全美中文学校协会承办的北美"海外华文教育名师巡讲团"讲学任务，在美国多个地区同步举办一系列教师培训活动。经层层选拔，我有幸成为本次专家讲学团的一员，与两位大学教授一道，负责美国东部地区的纽约、波士顿、费城、亚特兰大、华盛顿等城市和地区的华文师资培训。四川大学王晓路教授主讲"比较视野中的中国文化：特质与要素的重新考量"，四川大学俞理明教授主讲"汉字的形音义与词汇"，我主讲"如何提高小学语文教学的有效性"，共培训在美华文教师 590 多名，为提高全美华文教师师资水平起到了积极的推动作用。培训期间，我良好的个人素质、生动的讲述、丰富的材料、理论与实践结合的讲学方式，赢得了参培老师们的高度评价。美国"波士顿剑桥文化中心"董事会董事、《剑桥园地》主编特写信称赞："你的学识，口才，修养，表述能力，以及仪表等都给我留下了深刻的美好印象。中国有你这样年轻、敬业、专业知识深厚的老师，真是我的祖国的福气！"走出国门，能为国争光，我也为自己感到骄傲和自豪。

四、唯愿童话长相随

　　　　　　　　愿：【yuàn 希冀】解字："敬修其可愿。"
　　　　　　　　　　　　　　　　　——《尚书·大禹谟》

　　我最欣慰的是，二十七个年头过去了，我还可以教语文。作为小学语文战线的一名老兵，我深深地感到语文教学课堂、课程改革势在必行。在经历无数的探索之后，近几年兴起的群文阅读研究引起了我的共鸣。作为一名从小喜欢读书的语文工作者，深知阅读的重要性。读书的目的不是为了记住，而是为了学会思考，学会学习。群文阅读所具有的先进的理念、开放的主题、丰富的内容、自主的学习方式和创新的教学模式，群文阅读的"结构化"就是要帮助身处"碎片化"时代中的孩子去学习、面对阅读的挑战，这与我接触到的很多国家的阅读理念不谋而合，我开始了群文阅读教学的研究与实践。我带领工作室的老师如饥似渴地开始了解群文阅读相关资料和信息。在经过反复论证和仔细斟酌之后，2013 年 2 月，工作室向成都市教科院申报了市级研究课题"小学语文群文阅读研究"。2013 年 4 月，课题申报答辩顺利通过，正式立项。2014 年 11 月，在前期研究的基础上，工作室又申请了四川省教育科学规划重点课题"四川省义务教育新课标背景下群文阅读推广与深化研究"的子课题"小学群文阅读教学模式下的读写结合"，将研究的重点转移到读与写的结合上。在进行群文阅读的研究过程中，我再一次感受到了工作的快乐。我为全省种子教师培训班的学员上示范课，担任全省群文阅读教学竞赛评委，在第四届、第六届全国儿童阅读及语文创意研讨活动上与台湾的赖玉连老师同课异构，在全国各地开展示范课、观摩课、研究课及专题讲座二百多场次……我忙碌而充实，也得到了越来越多的认可。2017 年，我被评为中小学正高级教师，受聘担任了四川师范大学外聘硕士生导师、中国教育学会小学语文教学专业委员会理事、全国小学语文特级教师研究中心成员等，成为四川省第一批中小学省级名师名校长工作室领衔人，成都市首批、第二批名师工作室领衔人。重冠之下，必有重负，承担了更多的责任和义务，我只能砥砺前行，专注于小学语文教学这件事情，不忘初心，心无旁骛。外面的世界依然很精彩，我愿独守这份执着，期盼能通过群文阅读的推进，打开语文教学的又一扇窗户。我喜欢安安静静做事情，简简单单教语文。我相信，你若简单，世界便是童话，内心宁静方可致远。语文教学成就了我的今天，我愿守护它如童话般美好继续。

课程比课堂更重要
——杭州天长小学跟岗研训启示

2015 年 4 月 11—19 日，作为金牛区第二批外出跟岗研培牵头单位领队，我很荣幸地带领 17 位老师走进了杭州天长小学，进行为期一周的教育教学研培活动。

对于天长，我们慕名已久。杭州市天长小学坐落于美丽的西子湖畔，环境优美，精致亮丽。她创办于 1927 年，历史悠久，底蕴丰厚，人才辈出。天长小学拥有一支优秀的教师团队，他们爱学生、善学习、会研究、懂教育，从中先后涌现多位全国劳动模范、全国优秀教师、全国优秀班主任，还形成了令外界叹服的特级教师群体。天长教师凭着开放的教育理念、领先的科研意识、良好的专业素养和无私的奉献精神，培育了一代又一代出色的学生，用勤劳和智慧铸就了"天长"这一响亮的品牌。

以"开发潜能、发展个性"为育人理念，从整体改革实验到差异教育的研究，从二级循环活动的尝试到创新教育的思考以及网络环境下教学模式的探索，天长一直捕捉着现代教育最敏感的话题，走在教育改革的前沿，以一流的教育质量树立了自身的品牌形象，赢得了社会的赞誉，是老百姓心目中最好的学校之一。大气、开放、人文、和谐已成为天长教育和天长文化的特征。

走进天长校园，顿生"如在文化中"之感，随时能感受到天长"文化育人"的魅力。学校不大，校舍也略显陈旧，但颇具特色的"长廊文化"让每一面墙都在说话——"心育教恒永，情长天远悠"。置身长廊，能看到历届知名的校友以及天长史上所有特级教师、名师榜，这些内容营造了一种独特的校园文化氛围。

天长小学的娄校长告诉我们，天长小学历来重视教育科学研究。在天长，教师的教科研意识是自发的，管理是人文管理、刚柔相济。天长人认为任何平常的工作都要有研究意识，每位教师都要有自己的一些东西，每位教师对自己都要有一个"定位"。在天长，很多普通教师都有自己的专题研究，学校给大家提供广阔的研究平台，你有多大的能量，学校就给你多大的舞台。跟岗期间，天长的语文团队每天下午都为我们准备一个专题研讨及专题讲座：蒋军晶团队的群文阅读研究，史建波老师的放牛班的习作故事，蔡健老师的一年级学生行为习惯培养，施民贵老专家的教师如何做教育科研……每一个讲座都是天长老师一个个课题研究的成果。特别是施民贵老专家的讲座，从教师研究小专题入手，一步一步指导老师们如何选择科研方向，如何进一步开展研究，并且现场指导老师选题。施老风趣幽默的语言和精深的科研底蕴给大家留下了深刻印象。最幸运的是，我们在天长那几天，还有幸跟随杭州市小语教研员，全程参与了王林惠老师代表杭州市参加浙江省小语优质课竞赛的磨课过程。我们不仅见证了一节优质课例的诞生，更近距离感受了天长小学的老师是如何将课程理念转化为课堂实施的。这个过程留给大家无尽的思考空间。

　　在天长，给我触动最大的是"课程比课堂更重要"这句话。天长小学一直致力于学生"人生底色工程"的启蒙与奠基，致力培养学生"开放、大气、快乐、自信"的天长特质。学校秉承"天长没有差生，只有有差异的学生"的观点，坚持"让差异成为每个人的财富"的教育思想，率先在全国取消了"三好学生"的评比，开展"全能生""进步生""特长生"等多项评选，赋予学生选择的权利，满足和适应每个人的发展需求。为拓展学生优化发展的空间，鼓励张扬良好个性，学校提供丰富的课程资源和活动资源："考察西湖""游学""红苹果活动""春的使者"等品牌活动深受学生喜爱。开放大气的德育环境使学生得到了更加开放、全面的教育，自由和谐的校园氛围让学生更加幸福、快乐地成长。天长的启示足以证明，好的课程体系对实现学生的全面发展何等重要！

且行且思赋正能

人，不可能事事遵从心灵意愿

但，可以以心灵意愿接近事事

在事件的内在深处发现心灵

并且，升华为情怀满满

于是，心灵总是

行走在朗朗乾坤

抑或，清风明月

行囊盛满那些叫思想的正能

科学实施群文阅读教学，提升学生语文核心素养

一、什么是群文阅读

群文阅读是群文阅读教学的简称，即在一节课或一定的时间内，师生围绕一个或多个议题选择一组文本，围绕这个或多个议题展开阅读和集体建构，最终达成共识的过程。它是建设新型语文课程体系的突破口，是建设全民阅读的有力支撑，是在全民阅读的大背景下产生和发展起来的一种阅读方式，它与单篇阅读教学、整本书阅读教学一起，成为学生完整的语文阅读活动中不可或缺的一种阅读教学形式。

二、群文阅读的重要意义及价值

群文阅读追求回归生活常态，满足学生生活阅读的实际需求，具有单篇阅读和整本书的阅读不具备的意义和价值。

首先，群文阅读可以进一步满足社会生活、工作的实际需求。单篇阅读、整本书的阅读和多文本阅读是人们日常生活和工作中的三种阅读方式。后两种阅读方式在现代生活中愈来愈显出其重要性。单篇阅读和整本书的阅读固然有其特定的价值，但在实际社会生活和工作中，我们往往需要在多文本阅读的基础上建构起对某一事物或话题的全面深入的认识，这使得群文阅读成为一种不可或缺的现实需求。

其次，群文阅读教学能有效弥补语文学习阅读量不足的缺陷。

群文阅读开放的阅读视野，群文阅读教学课内外相结合的学习模式，有利于将学生的阅读领域从课本拓展到与之有着各种意义关联的课外文章、书籍中，从而打破学生阅读的范围限制，使之能得到更多的阅读滋养。

再次，群文阅读教学能丰富和完善现行语文课程内容和教学形态。当前的语文学科课程内容和教学形态较为单一，课程内容中内涵丰富的"阅读"被单篇阅读代替，单篇阅读为主的教学形态使得语文学习过程及结果过于碎片化，不利于学生全面语文素养的形成。群文阅读教学则是阅读教与学内容的结构化重构，它可以打破单篇阅读的桎梏，使语文课程内容中的阅读内容更加多元化，更加贴近语文学习和社会生活实际。它是阅读教与学方式的重要变革，可以使阅读教学形态更加多样化，更加丰富多彩。

（一）群文阅读对学生成长的重要意义及价值

语文学科的核心素养包含了语言建构与运用、思维发展与提升、审美鉴赏与创造、文化传承与理解四个方面。于泽元教授讲，"语文素养除了听说读写之外，其实还有两点非常重要，一个是文化基础，有文化才有思想。没有文化，就没有思想。思维方式，我们思考问题的方式。这些和语言文字密切联系在一起，语文是不可缺少的基础素养。四个核心因素把握好了，语文素养就好了"。囿于课程及教学设计上的局限性，目前我国大多数中小学阅读教学在促进学生高阶思维能力发展方面有所欠缺，难以有效培养学生适应社会发展所需要的学科核心素养。

群文阅读注重学生全面、高品位阅读素养的形成和发展，填补了我国中观层面阅读的空白。语文运用以思维能力为基础，要提高语文能力，便要培养学生在学习语文方面必需的思维能力及思维素养。思维能力最重要的是批判性思考能力、创造性思考能力、解决问题的能力。思维素质是学生在思维活动中所表现出来的智能特征。良好的思维素质主要包括深入、灵活、敏捷、创新、明辨五个方面，五者各具特性又互相关联。要有效培养学生的思维能力和思维素质，就有必要帮助他们掌握演绎、归纳、概括、类比、分析、综合、比较、联想、想象、具象化等思维方法。而这些思维方法中的类比、分析、综合、比较等是群文阅读教学中常用的方法，因此，群文阅读对提升学生思维素质有着重要作用。

1. 群文阅读可以训练学生的思维更敏捷

学生良好思维素质之一"敏捷"在阅读中的体现最直接的表象就是阅读有一定的速度，并能迅速抓住材料的要点。如今的阅读时代，我们每天要面对海量信息，面对的多是"非连续性阅读"。"非连续性阅读"挑战着我们的阅读能力。它要掌握信息、分辨信息、筛选信息、整合信息并吸收信息。阅读需要有一定的速度。2011版《语文课程标准》明确提出："第三学段学生默读一般课外读物每分钟不少于300字。"统编版教材五年级阅读策略单元的语文要素即是"阅读要有一定的速度"。快速阅读是一种阅读技能，技能是需要训练的。群文阅读教学，学生在一节课中读四篇左右的文章，有效增加了学生的阅读量，扩大了学生的阅读面，提高了学生快速阅读的能力，提高学生思维的敏捷性和灵活性。

2. 群文阅读可以帮助学生思考问题更深入而全面

问题是学生思维的起点，是教师教学的手段。群文阅读教学需要单篇文章阅读作基础，但重点是指导学生在多篇文章阅读中提取信息，整合信息。群文阅读追求在有限时间内让学生经历较高水平的探究性阅读，体验发现的乐趣。课堂上，师生把多篇文章看成一个阅读整体，通过议题将多篇文章进行结构化梳理，培养学生层层深入思考问题的思维方式和能力。同时，由于群文阅读强调多角度、全方位围绕议题展开讨论，故而学生对问题的解答不再是单一的，而是多元的理解。

3．群文阅读能够促进学生批判性思考能力的发展

群文阅读教学，课堂上呈现给学生的文本，不是随意的组合，而是围绕议题精心挑选的有内在关联度的一组文本。学生在多篇不同作家、体裁、内容的文章阅读中进行比较归纳、分析综合、推论判断、深入思考，这对学生批判性思考能力的提高很有帮助。面对不同的文本对同一个问题的不同观点，学生自然会产生困惑，自然会去判断资料的可信度，自然会去做出甄别，这是非常必要的一种训练，也是群文阅读能带给学生的最大的受益——用批判的眼光看问题，而不是人云亦云。同伴间的交流常常可以变成辩论，在此过程中，学生学会用批判的眼光看世界，学会质疑和思考。老师不是单一地呈现一个问题的答案，学生也不是简单地判断是与非，在自我建构的过程中，也许还会有困惑和茫然，然而在集体建构中逐渐明朗，最终达成共识。喜欢发问且用质疑、批判的眼光看世界的学生更显得弥足珍贵。

4．群文阅读有助于学生创新性思维能力的发展

创新的时代，需要有独立思考、全面、辩证、创造性思维能力，需要有个人观点与创见。读书最大的益处是激发想象力和灵感，而不是看谁记住的知识多。群文阅读的课堂上，教师常常会引领学生通过对一组文本的横向比较、纵向比较、内容比较、形式比较、相同点比较、不同点比较、粗略比较、精细比较等，发现各种相关联的东西，触发学生创意的思维火花，同中求异，异种求同，变中求新。

（二）群文阅读对学校课程建设的重要意义及价值

1．变革教学方式，重构阅读教学体系

群文阅读在阅读容量、阅读方式、思维生长等方面具有的优势，决定了教师的教学方式也将随之发生改变。

（1）议题驱动的多文本"比对读议整"能有效将阅读引向自主探究，一改现行阅读教学过于强调教师主导的弊端。

（2）多文本阅读教会学生根据阅读情境、目的及文本特质不同，恰当地选择精读、朗诵、默读、浏览、比较阅读等阅读方法。

（3）群文阅读强调由单篇到多元异质多文本阅读的拓展，在思维方式上更有利于培养学生筛选、辨识、提取、转化和整合信息的"举三反一"的能力，有助于提升学生根据议题体验、感悟，实现"举一反三"的评判与反思、创意和表达的能力。

2. 丰富课程形态，充实阅读教学内容

（1）高度统一的国家课程，很难妥帖解决特定区域的所有教学问题。群文阅读介入地方和学校课程，能丰富国家课程形态，为解决区域阅读教学问题提供多种可能性。

（2）我国当前普遍使用的文选型语文教科书，单篇文章的教学价值具有多元性和不确定性。群文阅读从一开始就具有明确的教学价值指向：在议题统领下，从文本思想和言语形式两个维度进行规划和选择，实现对多文本的多角度、多种组合方式的立体建构，充实阅读教学内容，丰富师生阅读经历，提升阅读品位。

群文阅读教学所使用的文本一般具有以下特质和功用：

选文多元：群文阅读教学所选文本紧扣议题，能从不同角度典型体现议题内涵。同一议题下的多个群文阅读文本可以是同一题材，但可以包含不同体裁；也可以是同一体裁，但在思想内涵或体裁特征上各显异彩。从而做到一个议题，多向呈现，即同中有异，异中含同，各美其美，美美与共。这种多元异质的群文阅读一改单篇阅读教学内涵单薄、感受贫乏、缺乏整体性、系统性认知和感悟等缺点。比如，群文阅读"遇与不遇"这一主题，老师选择了《游园不值》《江南逢李龟年》《回乡偶书》《寻隐者不遇》《题都城南庄》五首古诗。这些诗有的写遇到，有的写不遇，有的遇中有不遇，不遇中有遇。课堂上，通过学生的共读共议，让学生明白遇到也好，不遇也好，全在于内心的感受和体验。在"藏在古诗词中的孤独"一主题中，教师选择了《独坐敬亭山》《江雪》《九月九日忆山东兄弟》《相见欢·无言独上西楼》四首古诗词。每首作品都写到了孤独，结合背景资料，学生可以发现，同为孤独，但情怀不一。不一样的境遇产生不一样的孤独。

组合多元：群文阅读是一种"结构化"的阅读，其特点就是有意识地将多文本"结构化"。群文阅读教学则充分发挥想象和联想，找寻多个文本间的异同点，有效整合所选文本，努力做到课内外结合、篇段结合，在"结构化"的多文本阅读过程中，围绕议题，创造性地使用文本——文本组合方式可以是课内多篇，也可以是课内一篇带课外多篇、课内多篇带课外多篇，还可以是课内篇段带课外篇段……在文本使用过程中，教师还可根据议题内涵、学习需求适当加工、重构，为学生学习提供精当的阅读文本，利教便学。此外，根据学生年段不同，同一组文本还可开发不同的议题，将文本的价值最大化利用。如《算电线杆》《点灯》《大象舅舅吹喇叭》《感觉酸痛》《大象舅舅开门》这组文本，放在二年级，可围绕议题"快乐起来"，引导低年级的孩子学会在生活中寻找快乐因子，学会在不开心的时候想办法让自己快乐起来。放在四年级，则围绕"生动的对话，出乎意料的故事情节"这样一个议题，引导学生发现文本巧妙的表达方式。

功能多元：群文阅读教学所用文本的学习价值是多元化的，具有不同的功能定位。每个议题下的多文本可为"例文"，让学生感知运用不同体式或表现手法的文章在艺术形式、语言风格、手法运用等方面的独特魅力；也可为"样本"，让学生获取怎样读、怎样写这类知识（方法）的文章，其目的在于引导学生抽象出、领悟到这一类文章的阅读和写作知识（方法）。

很多参与群文阅读实践研究的学校形成了由单篇阅读、群文阅读、整本书阅读以及课外阅读组成的学校阅读课程结构，丰富了语文课程体系。

（三）群文阅读对促进教师专业素养发展的重要意义

1. 改变了语文教师的阅读习惯和教学行为

群文阅读研究与实践推动着教师的阅读习惯的转变。教师的阅读兴趣更加广泛，阅读量显著提升，阅读方式从单一向多元，教师从被动接受到主动创新，阅读教学课时合理增加，教师的教学手段不断丰富，教学策略不断更新，评价方式趋于多元。要想自己开发群文阅读的教学内容，教师必须经历海量阅读、筛选文本的过程，这促使教师爱上阅读，积极阅读。

2. 提高了教师的教育科研能力

群文阅读研究帮助教师从"学着别人做"转变为"自己创新做"，进而"与同伴合作做"，最后实现"和学生一起创造"的质的飞跃。作为一种新型的阅读教学模式，从议题的提炼到文本的遴选，到课堂的呈现，有太多的领域让老师开发和研究。

（四）群文阅读对开展书香校园建设的重要意义

群文阅读的教学不仅仅停留在课堂的四十分钟，更多的是将学生引向广阔的阅读天地。很多群文阅读课都有阅读延伸的环节，由一篇篇选文延伸到一本本书籍，由一个个议题延伸到一本本书籍，自然就将课内阅读与课外阅读紧密结合起来。如在学习了群文"科幻小说中的'未来'"后，学生被推荐阅读《安德的游戏》这本书；在学习了群文"昆虫记中的发现"后，学生被推荐阅读《昆虫记》；在学习了群文"个性十足的猫"之后，学生被推荐阅读季羡林写的《咪咪》、郑振铎写的《猫》，还有梁实秋写的《猫》……这种延伸性阅读极大地扩展了学生的阅读面。还有很多学校把群文阅读融入学校德育教育系列活动，读书活动在校园全面铺开，开放图书室、电子阅览室，建设图书角，成立"走廊书吧"，开展"亲子共读"、师生读书演讲等活动，努力建设具有校本特色的书香校园。

三、群文阅读的主要特征及教学策略

1. 议题引领

议题是群文阅读的重要标志，是群文阅读的出发点、归宿和内在逻辑支撑。议题可以从现实生活问题、社会话题、育人主题和生活学习急需的语文技能等方面予以聚焦和提炼。议题可以是文本内容主题、意蕴文旨、情感态度价值观方面的，也可以是言语表达、文体形式、语文知识方面的，还可以是阅读力、思维力培养方面的，它必须指向文本内容或形式的核心问题，具有可议论性和学科教学价值。议题的提出务必集中、明确，符合学段语文学习目标要求。如学生通过阅读一组文章《迟到》《追"屁"》《歪儿》《我没有钓到那条鱼》《难忘的八个字》，围绕议题"名家的成长密码"，回到几位名家童年的成长历程当中去，间接经历那些很有生活味道的小插曲，体验那些事情带给作者的感受，并发现这些事情给作者带来的影响。再比如，学生通过阅读《好笑的一家人》《鲜奶油蛋糕》《摩尔根掉井里啦》《谁来救公主》四篇文章，围绕议题"故事中好笑的情节"展开阅读讨论，发现作者描写好笑的故事的秘诀——几个人犯同样的错误、说不同的对象、想不同的意思。

议题是多文本比对阅读的联结点，但议题学习不是群文阅读的终点和全部内容，群文阅读的教学活动必须以对多文本的整体把握和对信息、感受的整合为基础。

2. 结构化呈现

结构化是群文阅读最显著的特征，是指群文阅读中，读者对群文形成整体性理解，这个整体性理解有着明确结构。结构化理解，可以克服多文本阅读中极易出现的碎片化、表层化的问题，形成系统的理解结构。一个明确的理解结构具有如下三方面特征：一是具有贯穿始终的核心线索；二是各个部分围绕着核心线索形成一个富有逻辑的框架；三是能够最大限度地囊括各个文本的主要内容，而非文本的局部或者片段。

群文阅读教学内容为一组文本材料，这些材料的正确使用直接关系到群文阅读教学最本质的特征在课堂上的具体落实。如果只是带着学生将几篇文章一一阅读，那就不叫群文阅读。群文阅读讲究课堂的结构化呈现。什么是结构化地呈现呢？具体来讲，就是对一组文章反复"比对读议"，引导学生发现藏匿在文本之中、文本与文本之间的各种密码。

3. 及时的意义建构

群文阅读教学过程中的"比对读议"必须以及时的意义建构进行总结，也就是"整合"。此环节是教师引领下的集体建构，是对群文阅读教学过程中的"比对读议"进行及时的意义建构和整合。

群文阅读教学过程中，学生在教师引领下，围绕议题展开的"比对读议整"是获取多文本体验、感悟的必不可少的过程。这一过程既要有信息的筛选、辨识、提取、转换，又要有整合、评判、反思，还要有创意和表达。群文阅读最终目的是实现议题学习的任务达成和问题解决。其标志就是学生是否通过"比对读议整"实现对议题由笼统而朦胧到具体清晰，由零散而个别到完整系统的认识和体悟。

如群文阅读课《人间美味》这课的教学，老师选用了四个文本——《老饕东坡》《东坡肉》《东坡羹》《东坡蚝》。教学中，老师让学生采用跳读、浏览的方式阅读《东坡肉》《东坡羹》《东坡食蚝》，根据表格勾出食材、做法、味道。

美食	食材	做法	味道
东坡肉			
东坡羹			
东坡蚝			

通过比较整合，结构化苏东坡所创的美食具有的共同特点：这三道菜食材简单，做法简单，味道鲜美。紧接着，老师再次让学生阅读三个文本，聚焦美食背后的人生故事，感悟美食里的东坡情怀。

美食	美食里的东坡情怀
东坡肉	
东坡羹	
东坡蚝	

在结构化地理解了美食里的东坡情怀后，学生再读《老饕东坡》，品味人间有味。最后总结：苏东坡一生遭遇无数次被贬，无数次打击。不管在何处，他总能把粗茶淡饭吃得津津有味，正如他在一首词中这样写道："人间有味是清欢。"是呀，东坡菜里不仅有美食的味道，还有酸甜苦辣的味道。苏东坡将这些统统当成食材，做成了他的美味人生。他在被贬黄州时写道："长江绕郭知鱼美，好竹连山觉笋香。"他被贬惠州时写道："日啖荔枝三百颗，不辞长作岭南人。"他被贬儋州后，心里说道：外界的条件不是完全可以由我来左右，但内心的情绪可以由我自己来把握。无论何时何地，何种境遇，他永远是一个十足的乐天派——老饕苏东坡，青菜萝卜笑呵呵。

就这样，老师带着学生在几个文本之间走了两三个来回，反复"比对读议"，从而发现了文本背后隐藏着的苏东坡的人生密码。

结语：群文阅读，改变的是一种阅读习惯，培养的是一种阅读思维方式。群文阅读教学，不仅要让学生从多篇文章阅读中获取丰富的信息，更重要的是培养学生辨识与提取、比较与整合、评价与反思、运用与创新等高层级阅读素养。从此意义上讲，科学实施群文阅读教学，一定可以全面提升学生的语文核心素养。

走读香港教育两年行

　　也许，我之所见不是香港教育的全部，但我相信，当时的视域，一定窥见了教育现代化内涵的端倪，其中，有些还可能是我们当时极力要抛弃的。我们要怎样在继承中华优秀传统文化的基础上，融入现代化的潮流？此文写作于 2011 年底，文中所涉及的数据和现象仅反映当时香港教育之状况。

——题记

缘起

　　香港语文教育及研究常务委员会于 2003 年 6 月发表《语文教育检讨总结报告》，建议成立语文教学顾问专责小组，小组由资深语文教师及语文教育专家组成（其中包括来自内地的优秀教师及教研员），主力协助学校推展课程改革，特别是语文的学与教。为此，香港教育局特别成立"语文教学支持组"负责跟进有关建议，为全港中小学提供有助提升语文教学效能（包括中文、普通话及英文）的支持服务，协助专责小组的筹组、落实、成效监察及推广良好校本经验的工作。

　　由此就诞生了"内地与香港教师交流协作计划"。计划于 2004 年 11 月始，每年由教育部在全国各地选拔优秀语文教育专家赴港担任教学指导教师，隶属香港教育局，配合香港的教育及课程改革，与协作学校教师交流、研究及协作教学；组织教师研讨会，举办教师专业发展活动，总结成功的经验；编订有关的教学参考资料册，促进教学资源共享及教学经验交流。在此期间，赴港教师不负担课节及课堂教学。

赴港教师服务的协作对象为香港特别行政区中国语文科及普通话科教师、香港特别行政区政府教育局和其他教育机构人员及相关的教育工作者。主要工作重点包括：

优化教学。引入最新课程及教学法的理论、与香港语文教师研习中国语文教学的新趋势。

发展教师专业。协助教师进行校本课程发展工作，包括规划课程、订立教学目标、商讨教学策略、设计教学活动以及运用评估回馈学习等。

推动教研风气。建基于理论，运用观察所得的数据和分析教学成效，总结经验，带领教师进行教研工作，促进教学反思及自我完善的文化。

建立教师网络。鼓励中文科主任及具有潜质的教师组成教学网络，通过定期活动，深化中国语文教育课程改革的成效。

我有幸作为四川省首届赴港教师（另有一名小学数学和一名高中数学教师）、全国第五批赴港担任教学指导教师的成员，于2009年8月，与全国24位中小学语文教育专家一同到香港教育局语文教学支持组工作。工作满一年之后，经香港教育局评核挑选，与另一位赴港教师继续留任一年，担任新一届赴港教学指导教师领队工作，2011年8月返回四川。在港两年，我有机会全方位、近距离接触了解香港的教育。香港是个国际化大都市，特殊的历史，令她的教育也呈现出"东方之珠"独有的魅力。

香港的教育概况

香港从2008年起，实行小学至高中12年免费教育。截至2008年9月，香港共有137 630名儿童在964所幼稚园（即内地的"幼儿园"）就读，共有310 400名学童在490所公立和资助小学就读，共有401 200名学生在402所公立及资助中学就读。

幼稚园：幼稚园为三至五岁学童提供教育服务，由志愿机构或私人团体营办，全属私人性质。所有幼稚园均需在教育局注册，并受教育局监管。政府向幼稚园提供的资助方式包括向非营利性幼稚园发还租金、差饷及房租；分配位于公共屋村内专做幼稚园用途的校舍；透过"幼稚园及幼儿中心学费减免计划"，为有需要的家长减免子女的学费；为校长和教师提供训练课程。自 2007 年起，政府开始推行学前教育学券计划，直接向家长提供学前教育学费的资助。政府还资助教师进修，以提升专业水平。为配合课程改革，教育局修订的《学前教育课程指引》于 2007 年 9 月起推行，为学校提供指引，以助业界发展校本课程。

小学教育：香港儿童大约自六岁开始接受六年制的小学教育。因校舍不足，上课模式分为上午班、下午班和全日制三种。在政府大力推动之下，大多数小学已实行全日制授课。通过参加《小一入学统筹办法》(以下简称《办法》)，所有符合条件的儿童均可获分配公立或资助小学的小一学位。该办法分"自行分配学位"和"统一分配学位"两个阶段。在"自行分配学位"阶段，家长可按其意愿向一所公立或资助小学递交申请。而学校则会按教育局规定的准则决定是否取录。在"统一派位"阶段，教育局会根据学校网、家长选择及随机编号来分配小一学位。大多数小学都使用中文授课，并将英文作为第二语文。1997 年 7 月 1 日之前，所谓中文授课实际是用粤语授课。1997 年 7 月 1 日之后，特区政府鼓励学校培养学生两文(中文、英文)三语(粤语、英语、普通话)的能力。学校开设了普通话课程，每周有一节专门的普通话课。一些学校逐步尝试用普通话教中文，但还有相当一部分的学校依然用粤语进行中文教学。

中学教育：学生小学毕业之后，可通过就读小学参加《中学学位分配办法》，以获分配资助中一学位。该办法与入读小一时期一样，分"自行分配学位"和"统一派位"两个阶段。在"自行分配学位"阶段，中学可根据自行订立的准则取录学生。在"统一派位"阶段，学位的分配是以学生的派位组别、家长选校意愿和随机编号作为分配准则。小部分未能升读原校的中三学生会通过中四学位安排机制获安排资助中四学位。学位安排是根据学生的校内成绩及家长的选择意愿进行的。学生亦可选择申请入读由职业训练局及建造业议会训练学院所开办的全日制课程。

2009 年之前，中学主要提供三年初中课程和两年高中课程，学生修业期满可参加香港中学会考。大约有 30% 左右的学生可以升读两年制中六预科课程，继而参加香港高级程度会考。大约有约 18% 左右的学生可以入读高等教育院校。2009 年，香港开始实行新高中学制，高中教育由中四开始，为期三年，学生修业期满可参加香港中学文凭考试（代替之前的香港中学会考及香港高级程度会考）。在新学制下，所有学生均可接受六年中学教育（即三年初中及三年高中）。这种学制与内地目前的学制相同。

高等教育：香港有十二所颁授学位的高等教育院校。其中由大学教育资助委员会资助的有香港城市大学、香港浸会大学、岭南大学、香港中文大学、香港教育学院、香港理工大学、香港大学等几所。四所并非由大学教育资助委员会资助的颁授学位的院校分别是有财政拨款的香港演艺学院和财政自给的香港公开大学、香港树仁大学和珠海学院。

香港的学校

总体来看，香港的学校存在以下特点：

投入大：2008—2009 年度，香港教育方面核准的公共开支达 773 亿元，占公共开支总额的 23.3%。在 2009—2010 年度，教育方面经核准的公共开支达 617 亿，占政府公共开支总额的 19.3%。

空间小：香港寸土寸金，小学标准校舍约 4000 平方米，中学校舍约 5000 平方米。学校一般没有运动场，就算有一般也不是塑胶，看起来虽然红红绿绿的，实际是涂的颜料。学校的运动会都是在政府公共运动场馆举行。

规模小：以 2008 年 9 月为例，小学共有 310 400 名学生在 409 所公立和资助小学上学，平均每所学校的学生不到 800 人。我协作的一所小学全校 36 个班，学生 1200 多人，在香港小学中已属最大的小学之一。

数量多：香港的学校规模不大，但是学校很多。一个小区可能会有几所中小学，一般都是不同的办学团体创办的学校。这些学校彼此相邻，各不影响。我所协作的一所学校与另外一所学校由同一道大门进入。进去之后，两校分立左右两边，停车场各一半。我协作的另一所小学与旁边的小学几乎没有距离，两所学校的墙壁紧挨在一起，没有一丝缝隙。香港很多地区的学校都是配套的，一所小学旁边一般都有一所中学。两所学校的篮球场常常只是一道网子隔开。

压力大：香港的学校实行"自行派位"和"统一派位"相结合的招生办法。对于一些薄弱学校来说，自行派位阶段根本不会有学生来敲门，统一派位的学生又在自行派位阶段去其他学校敲门。加上香港自"非典"之后出生率连续下降，入学儿童不断减少，这些学校可能会出现一年级招不到学生的情况。如果连续两年小一招不到学生，学校就面临"杀校"的风险。在将现有年级的学生全部送毕业之后，学校就"杀校"，所有老师均失业，需要自己重新去找工作。近年来，深圳到香港上学的学生不断增加。一些学校校长为了争取生源，招生阶段就会到口岸，看到适龄学生，就询问是否需要上学。

体制多样：香港的学校很多都是民间参与办学，如宗教团体、公益团体、专业团体、宗亲会、同乡会，等等。大约有以下几种：① 公立学校：完全由政府创办的学校，经费由政府承担，学生接受免费教育。学校教师相当于政府公务员。② 津贴学校：由社会团体办学，经费全由政府承担，学生接受免费教育。③ 直接资助学校：由社会团体办学，政府根据学生人数拨给经费。经申请、政府批准后可适当收费。④ 国际学校：由外国出资，聘任校长，委派教师，香港特区政府安排学校用地。可以收取学费，但学费一般都比较昂贵。⑤ 其他私立学校：政府拨地，个体或团体筹资办学，收取学费。在这些学校中，公立学校大约占 6.6%，政府资助的津贴学校大约占 81.3%，其余则为私立学校。

设施齐备：香港的学校绝大多数由政府资助，所以公立学校的修建风格基本一致，配套设施非常完善。香港夏天气温很高，所有学校的教室均有空调。即使是最偏远的离岛村小之类的学校，配套设施也是一应俱全，丝毫不逊于那些名校。

教材多样：香港的教材由出版商经营。出版商根据《小学中国语文建议学习重点》之类纲要性文件，组织人员编写教材。为了抢占市场，有时一个出版商会编上两三种教材供学校选择。我们看到一册四年级的教材，有三个出版社的版本，都有一个单元叫《香港自由行》，主要进行游记的阅读和写作。三种教材选的课文都不一样，练习的设计也不一样，综合活动也是大相径庭，有一种还是竖式排列，但三种都涵盖了应该有的学习重点。出版商将教材编好后送课程发展处审批，通过后就开始组织营销人员进学校推荐。学校选教材一般由学校管理层、老师甚至家长一起投票。如果学校有人参加了某套教材的编写，本人便不能参与投票，或者学校根本不会把这套教材拿出来投票，很公正。教材都做得图文并茂，很漂亮，都是铜板印刷，一本需要五十多港币。香港的老师课时很多，没有什么时间备课和钻研教材。出版商把教师用书编得很详细，以方便老师上课。从 2010 年 9 月开始，教育局要求出版商实行教材分拆，出版商不再免费为学校提供教师用书和资料，需要学校购买。香港的学校教材选用自主权很大，课程设置自主权也很大，各校上学、放学的时间，节假日的安排都不一样。中国语文教育（中文、普通话）、英语、数学、社会及人文教育、科学教育、科技教育、艺术教育、体育，这几方面的课程学校可以根据实际自行安排，但必须全部包括。每个学校都有自己的校本课程和教材，五花八门，都是根据自己学生的需要编制的。

课程：香港教育署规定小学上课时间为每天 4 小时半，每周上课 38 节，每天 7 节课，每节 35 分钟。香港小学的课程分为：

中国语文、英国语文、数学、健康教育、通识教育、社会、音乐、体育、美工等。宗教团体办的小学还增设了宗教科，其中，中文、英文、数学三科是主科。香港初中（中一至中三）开设的科目包括语文（中文、英文）、数学、科学（物理、化学、生物）、社会科学（历史、地理、经济、公共事物、健康教育）、中国历史、实用科学（美术与设计、家政、设计工艺）、体育、音乐、道德伦理及宗教教育。高中（中四至中五）开设的科目有中国语文、中国文学、英国语文、英国文学、数学、生物、化学、物理、电脑、地理、中国历史、历史经济及公共事业、经济美术与设计、设计与工艺商科、家政、音乐、体育、道德伦理及宗教教育、通识教育等。

教学语言多样：小学全部用母语教学。中学实行分流，四分之三用母语教学，四分之一除中文课之外用英语教学。

特色鲜明：每所学校都努力创造自己的办学特色。两年中，我们探访了几十所学校，发现这些学校真的做到了"人有我精，人无我有"，走进每一所学校都会有令你颇感兴趣的亮点。我们曾经到屯门的一所村小级别的学校探访，惊讶地发现，这所小学将天文教育作为学校的校本课程，从教材的编写到设施的配套，令人啧啧称赞。

教育社团众多：香港各种教育社团有一百多个。这些社团，有些出钱出力，创办学校。通过办学社团创立的中小学占全港中小学的70%之多。有些经常举办教育及教学问题研讨会，促进教育界交流经验和研究问题；有些经常举办教育及教学问题研讨会，促进教育界交流经验和研究问题；有些对教育当局的行政管理和已定计划的执行情况提出批评，起到了监督的作用。香港教育能够发展，除了经济的因素之外，教育社团的作用是不容忽视的。

依法办学：香港的各类学校都根据有关法例进行管理，教育当局、办学人员及教育工作者都有法可循。香港的七所大学院校，除了经费由大学及教育资助委员会分配及审批外，行政管理是独立自主的。但这类能颁发香港特别行政区政府承认学位的大专院校在创办之前，都要由立法局通过一项法例，如"香港大学条例""香港中文大学条例"之类。学校的办学目的、体制、校董会的权力以及其他重要事项在条例中都有明确规定。各大学的行政和教学工作都要依循这些条例去进行。到 1994 年 12 月，全香港法例已有 18 项，涉及幼儿园、中小学教育、高等教育、成人教育和工业教育等。

现代化程度高：教育的现代化通常表现在教育思想、教育方法和教育设备几方面的现代化。香港教育正逐步走向现代化。教育思想方面，教育当局虽然没有统一的教育思想，但近年来经常强调全人发展终身学习、学校为本的学校管理思想。强调教师、家长甚至学生代表参与校董会，推动组织家长会和学生会，加速学校的民主化。在教育方法上，在幼稚园及小学推行活动教学法，提倡启发式、直观式教学法。

教育资源多元：香港的高等院校与普通中小学有很多合作项目。学校有很多机会可以与知名的教育专家直接对话并得到指点。大学专家教授也乐意到教学一线与教师一起探讨和研究。除此以外，政府、社团都会无偿向学校提供各种资源，令人相信办教育是全社会的责任。

管理精细：每所学校从校园设施到学校管理，处处体现人文关怀，对教师的关怀、对学生的关怀令人佩服。

香港的校长

香港的校长一般都德高望重，因为在香港要做到这个级别，需要很多年的努力和积淀。想做校长，首先要到大学参加相关课程的修读，取得相应的证书。如果拿到证书之后五年之内没有学校聘请你做校长，则需要重新修读相关课程。香港的学校均要求成立法团校董会，校长的任命不经过教育局，而由校董会聘任。校董会的校监由办学团体负责聘请，一般都是一些社会贤达人士，热心学校管理，没有任何报酬。但校监的身份本身就是一种身份和地位的象征。在香港，这个头衔总是令人肃然起敬。校董会的成员由不同类别的人员组成，有家长代表、教师代表、社会人士代表等。学校所有重大事项均需校董会决定，包括经费的使用、教师的聘任等，校长只是执行校董会的决定。即便如此，香港的校长依然是非常受人敬重的职业。校长除非有特殊的原因，一般都会工作到六十岁才退下来荣休。

香港的老师

待遇优厚：教师在香港是一个受人尊敬的职业，工作稳定且待遇较高。小学新入职教师的月薪大约为 1.8 万元港币。在香港，家庭平均月收入中位数才约 1.8 万元。香港教师的学历大都很高，以我所协作的学校为例，绝大多数教师都能用流利的英语与外籍老师交流。香港学校教师的待遇都是统一的，相同的职位、工龄在不同的学校都是一样的工资。私立学校的老师所谓好一点的待遇不外乎午餐免费。

工作量大：香港小学的生师比为 18.5∶1，平均班额为 35 人。中学生师比为 17.8∶1，平均班额为 40 人。小学教师一般每周 32～35 节课，中学教师每周 30 节课。小学一节课是 35 分钟。一般一位中文教师要跨年级任教两个班的中文课。由于课时很多，教师在学校空堂的时间很少，基本没有时间批改学生作业。所以学校一般早上 7 点半上班。学生 2 点半左右放学之后，教师才会有时间参加集体备课，批改学生作业，很多老师都会工作到四点甚至更晚才会离开学校回家。很多老师还会将未批改完的作业本或试卷带回家批阅。香港注重教师的在职专业发展培训，规定所有教师不论级别和职务，均应在每个三年周期内，参与不少于 150 小时的持续专业发展活动。教师每年参加由学校举办的三天专业发展日活动，全部被确认为持续专业发展要求的进修时数。在三年的持续专业发展周期内，用不少于 50 小时进行有系统的学习；用不少于 50 小时参与其他模式的持续专业发展活动。教师可按个别需要，自行分配余下时数于各种模式的持续专业发展活动。所以，除了完成繁重的工作，教师还要完成规定的进修时数，压力就更大了。很多老师周末最想做的一件事就是在家睡个懒觉，补充一下体力。

工作认真：香港的教师大都具有很高的学历。老师对自己的工作都很认真。尽管工作量巨大，但他们对于自己的工作却总是一丝不苟。因为不好好工作，学校得不到家长的认可，就会面临"杀校"的风险，自己也将面临失去工作的风险。所以每位教师都尽心尽责工作。在香港两年，最令我惊讶的是，教师们尽管课时繁重，但依然会组织学生开展丰富多彩的学科活动，活动的数量和质量都令人惊叹。

团队合作：香港学校强调团队合作。由于平时课时量大，老师没有备课时间，学校一般都会在开学前组织老师回到学校，拟定一学期的教学计划，讨论一学期的教学重点，编定一学期的学生工作纸（与教材配套的学生练习作业）。所有工作都是按年级进行，同年级的老师分工合作，进度基本一致。考虑到学生按能力分班，有些教学的内容也会根据班级学生的情况做微调。学校不会用学生的成绩来评价老师的工作，但香港教师高度自律的精神和良好的职业道德决定了他们严谨的工作态度。

香港的学生

香港的学生给人最大的感觉就是有礼守则。每所学校对学生的学习、生活、言行举止均有十分严格的规定，奖罚分明。小休时学生活蹦乱跳，小休结束的铃声一响，刹那间，全校可以鸦雀无声。学生上学都是着校服，一般有三套校服。每所学校的校服都有各自的特色，但一般素雅洁净，非常漂亮。学校对学生的服饰要求十分严格：冬天气温在 12 度以上，男生不准着长裤，女生不准着长袜。体育课时必须着运动校服。校服的款式和布料质地由学校制定标准，学校不统一配发校服，家长可以选择购买成品，也可以自己制作，只要符合学校要求均可。

　　香港学生学习的负担也很重，平时回家有很多功课要做。一学期一般会有 2~3 次评估，每次评估的试卷都是学校年级教师命题，任课教师自己批阅试卷。家长对考试的分数看得很重，因为很多学校从小三开始，会按学生考试的成绩总分来分班，每年学生都有可能进到不同的班级学习。所以家长对学生的考试非常在乎，因为这涉及学生会进入哪个班。所以家长有时为了一道题的答案引经据典，与学校据理力争。小学生到了三年级和六年级有一个全港系统评估，由香港考评局负责。全港系统性评估有一套非常系统的评估标准。如语文考试分为 5 项，包括阅读（25%）、写作（25%）、聆听（12%）、说话（18%）、综合能力（20%）。除说话外，每一项考试都是几大张卷子，很多内容。说话的考试属于口试，考官由别的学校老师担任。考试内容包括个人说话和小组讨论，考官会根据评分标准，给考生不同的等级。中文科说话考试可以用粤语，也可以用普通话。为了不影响考试的成绩，绝大多数学生会选择用粤语。为了培养特长和取得好成绩，很多学生在完成学校学习任务的同时，也会去参加各种兴趣班和补习班。

美国汉语教育的现状及思考

2013 年 8 月，受国务院侨办委派，应全美中文学校协会的邀请，我随国务院侨办组织的专家巡讲团，与四川大学王晓路教授、俞理明教授一道赴美，负责美国东部纽约、波士顿、费城、亚特兰大、华盛顿五个地区的汉语师资培训工作。王晓路教授主讲"比较视野中的中国文化：特质与要素的重新考量"，俞理明教授主讲"汉字的形音义与词汇"，我主讲"如何提高小学语文教学的有效性"。本次培训工作历时 20 天，共计培训汉语教师 590 多名。

本次巡讲工作让我对美国东部地区的汉语教育现状有了一个较为全面的了解。中国经济的飞速发展和国际地位的不断提高引起了世界各国对中国文化的重视。在美国，最近几年，越来越多的高校设置了汉语专业。汉语已经成为美国最主要的外国语言，周末汉语班培训比比皆是，学校、民间学汉语的热情就如中国学生学英语一样高涨。美国开设汉语课的公立大中小学超过 5000 所，学汉语学生数达到 20 多万。在美国 3000 多所大学中，有 1000 多所大学开设了汉语专业，招生规模达近 6 万人。在哥伦比亚等名牌大学中，汉语已成为仅次于西班牙语的第二外语。美国在 AP 考试中也设立了汉语项目。此外，美国的州立大学很多都设立了孔子学院，为那些对汉语颇有兴趣的学生提供专业的培训。

本次我们培训的学员有大学、中学、小学的教师，也有当地汉语学校的教师。给我印象最深的是很多中文学校的管理者。他们在当地都是科学家、医生、大学教授、IT 工程师等，因为一种责任感和使命感，他们担起了海外汉语教育的重担，在汉语学校义务担任校长或董事，为海外汉语教育的发展无私奉献。单从本次了解的情况来看，纽约、波士顿、费城、华盛顿等地的汉语学校的管理层团结合作，校与校之间互有联络。有些汉语学校的培训内容及对象都有了很好的拓展，如波士顿"剑桥中国文化交流中心"，除了有中文课程，还有舞蹈、绘画等课程，参加学习的学生有各阶段的在校学生。这些学校还开设了针对老人的"夕阳红班"，整个学校的办学有序丰富，红红火火。华盛顿地区的希望中文学校，目前已有七个分校区，在校学生人数达到 6 000 多人。除了文化培训学校，还有一些专门的少儿艺术团和体校，开设绘画、舞蹈、音乐、棋类、武术、数学、计算机等及各项课程，为发扬中华民族优秀传统、联结在美华人情谊、增进多元文化之间的交流与了解起到了积极的推动作用。我本次有幸参加了希望中文学校在马里兰大学举办的二十周年校庆暨教师培训、表彰活动，其组织规模、活动议程都颇具专业性。从希望学校二十年校庆诗歌中，可窥见汉语教学在海外日益壮大的过程。

　　"希望"是纽带
　　让成百上千散居各地的华人抱成了团
　　"希望"是桥梁
　　用友谊联结了多少华人的心田
　　"希望"是橱窗
　　在西方大国的首都展示着东方文明的灿烂
　　"希望"是家园
　　使背井离乡的游子找到了回家的感觉
　　华府华人游行的队伍里
　　"希望"的方阵最壮观
　　华府华人的春晚上
　　"希望"的节目多称赞
　　华盛顿的中国文化节
　　"希望"的人气最显眼
　　华府华人的体育赛场上
　　"希望"的队伍常夺冠
　　"希望"属于你

属于我

　　属于华人社区大发展

　　也属于美利坚

　　在多元文化的花园里展示着特有的香艳

　　中国正在崛起

　　世界刮目相看

　　华人社区大发展

　　中文迎来春天

　　"希望"光华四射

　　青春活力无限

　　气候适宜草木健

　　前景更加灿烂

　　在本次培训过程中，我们也发现了制约海外汉语教育的一些因素，如不加以优化和改进，势必影响汉语在海外的进一步推广与普及。

　　一是师资力量薄弱。海外汉语教师很多都是半路出家，虽然他们大部分都是各行各业的精英，但由于大多是兼职且大部分是理工科出身，没有受过系统的教育教学培训，缺乏教学的技巧和方法，摸着石头过河的现象比较普遍。有些资历深的汉语教师在教学中还在使用单一的教学手段，一些知识的传授也有失偏颇。所以，有关机构和部门应加大对海外华人教师的培训，结合"走出去，请进来"的办法，进行有系统、分层次的学历教育。比如在优秀的国际汉语教育基地高校中开办专门招收海外华人教师的汉语国际教育硕士专业（甚至博士专业）。在美国中文学校的师资若有意进入美国主流学校传播中国语言和文化，需要取得相应的学位和资格。这些需求仅靠各种短期培训显然无法满足，需要更加系统和规范的学习培训。如何解决海外汉语教师的专业提升培训问题？能否充分发挥互联网的强大功能？随着信息通讯业务的高度发达，网络教学越来越受到重视和欢迎，并且已成为现代教育不可或缺的重要手段之一。因此，针对海外汉语教师的学历教育就可以采用暑期集中回国学习加平时网络教学的模式。这样既方便了海外汉语教师，也降低了教育成本，使得教师的学历化培训具有了可行性，从而保证有更多专业性更强的老师充实海外汉语教师的队伍。

二是教材难度偏大。对一般人来说，学习第二语言的主要目的是交际。因此，教学内容的设计及教学安排均要考虑到实用性，要尽量避免教给学生"课堂语言""校园语言"而非真实语言。但是，有些中国背景较多的课文对他们而言就像是"天书"；有些教材内容的选择严重脱离学生的实际，令他们难以理解；还有些教材的生字量太大，一部起步年级教材一课要求掌握的生字量达到了二十多个，比国内同样年级的学生的生字量超出了五六倍。这样的教材使用起来教师累，学生不喜欢，极易挫伤学生学习汉语的兴趣。相对而言，浅显易懂、图文并茂、中英文对照的中文教材对刚刚起步学汉语的学生来说很有必要。

三是欠缺有效的家校合作。目前学习汉语的学生以华裔居多，但这些孩子甚至他们的父辈生于美国长于美国，几乎没有一点中文基础，每周有限的汉语课时学习根本无法让他们跟上教材进度。如何设计合理有效的配套练习资源，帮助学生在家也能自觉主动地巩固、复习所学知识，值得相关人士积极探讨和实践。

香港小学阅读文化掠影

2007 年，在四十五个参与研究的国家和地区中，香港小四学生阅读成绩排名第二，成绩与居于首位的俄罗斯仅相差一分。这显示了香港小学生的阅读水平在国际上居于较前位置，香港小学生的阅读能力在香港课程改革期间也得到了明显改善。香港学生在阅读"资讯类文章"方面的表现尤佳，得分居四十五个参与国家和地区之冠。他们在高层次阅读过程的表现，亦较其他参与国家和地区为佳，这说明他们具备非常强的理解、综合及评价能力。此外，与 2001 年的研究相比，以非正式课程鼓励学生阅读和制定阅读教学指引的学校比例均有显著的增长。在课堂阅读方面，教材的使用也相对广泛。研究还显示，香港学生的阅读习惯在过去数年有所改善，无论是阅读的时间还是到图书馆借书的频次都有显著增加。他们的阅读态度渐见积极，而阅读自信亦明显增加。这同香港家长的努力分不开。过去五年，有越来越多的家长与子女进行阅读活动，如讲故事、到图书馆等。家庭教育资源如家中藏书数量等亦有所增加。这都为学生提供了理想的阅读环境。香港小学究竟是如何建立良好的阅读文化，促进学生良好阅读习惯的养成，全面提升学生的阅读能力的呢？2009—2011 年，我有幸作为内地赴港担任教学指导教师中的一员，走进了香港的小学，有机会比较全面地了解了香港小学阅读文化的建立。

人人阅读：香港的学校普遍重视阅读的重要性，他们坚信"阅读能有效促进学习"，有助培养思考能力，丰富知识，提高语文水平和拓宽生活经验，有力促进学生在沟通、学业及智能发展方面所需的基本语文能力。因而每所学校都不遗余力地在校园内建立自己的阅读文化体系，将学生、教师、学校、家庭、社区等都纳入本校的阅读体系。在校内，学校明确提出，推广阅读不是语文教师的职责，而是全校教师的共同任务。语文教师要帮助学生学会阅读，课堂内，帮助学生掌握阅读策略和了解阅读过程，建立广泛阅读的基础；课堂外，语文教师帮助学生养成良好的阅读习惯。校长、学校图书馆主任和所有教师应紧密合作，共同促进校园阅读风气，推广阅读文化。[参照《基础教育课程指引——各尽所能　发挥所长（2002）》第3B分册《从阅读中学习》]。在圣公会小学读书月每天的早会上，全校师生聚集在礼堂，静静地捧着一本书，认真地度过二十分钟的晨读时光。在黑压压的一片小脑袋中，校长的满头银发格外引人注目。他总是率先垂范，第一个早早来到礼堂开始阅读。此时此刻，没有学科界限，没有职位高低，校园中的每个人都是阅读者，阅读的良好习惯悄悄地浸润着学校的每一位师生。

亮丽图书馆：香港小学的图书馆是校园内一道亮丽的风景。学校装饰最漂亮的地方一般都是图书馆。走进图书馆，就像走进一个儿童乐园，色彩缤纷的壁画，温馨人文的桌椅，可爱时尚的布偶，香港学校的图书馆都很正规，藏书十分丰富。最重要的是，图书馆的藏书会不断增加，图书馆的新书推荐栏随时都摆放着刚购进的新书及简介。香港很多小学每周有一节专门的阅读课，阅读课上课的地点在图书馆。图书馆有一位图书馆主任，与其他科主任的职位相当。条件好一点的学校还会为图书馆主任配备1~2名助理，协助主任进行阅读课的教学。学生上完阅读课后，同样需要完成相应的工作纸，交由图书馆主任及其助理判分。除了阅读课之外，学校还会专门安排额外的阅读时间，早晨、课间、午间等，真可谓"见缝插针"。香港小学的图书馆充分发挥阅读引领作用，其利用率达到最大化。

故事爸妈："故事爸妈"阅读活动在香港颇具普遍性。每天午餐之后，许多家长义工就会在学校开始"故事爸妈"的活动。这些爸爸妈妈穿着义工的马甲，来到学校的风雨操场，手里拿着一本故事书，等待那些低年级学生的到来。学生来到操场之后，可以自由选择喜欢的故事聆听。"故事爸妈"有的用普通话讲故事，有的用粤语讲故事，有的用英文讲故事。他们并不是照本宣科，讲故事的过程中还会适时提出一些问题，请学生来回答，猜想故事发展的可能性。学生可以站着听，可以坐在小凳子上听，可以跪在地上听，可以坐在地上听，还可以边听边喝水、吃零食，自自然然，没有任何约束。但看着他们十分享受完全投入的幸福模样，你不得不感慨香港学校阅读文化建立中，资源的利用真是很到位。

开放式书柜：我协作的圣公会油塘基显小学的阅读也很有特色。在学校的体育馆墙边，有很多开放式书柜，里面放满各种图书。香港的小学生早上到校之后，不可以随便进入教室，一般都会在风雨操场等候，到时间后，才能在值周生的引导之下排队有序进入教室。在等待进入教室的这段时间，学生可以到开放书柜借阅图书。所以每天早上进入学校之后，我总会看到很多学生捧着一本喜欢的图书，静静地坐在凳子上阅读，旁边是一位值日的老师和几位协助管理的学生。我经常看到学校的李副校长亲切地与学生共读。那么多图书放在书柜上，没有任何人去破坏。学生阅读完毕都主动将书籍归还原处。这种良好的阅读习惯和爱护图书的行为令我佩服不已。

扮演书中人物：在香港，学生阅读后，学校一般都会有很多跟进活动，了解学生的阅读情况，如在课堂以外开展角色扮演、模型制作、绘图等活动，或向家人口头讲述阅读的内容等。这学生在课余有更多的时间与空间与人交流、分享阅读的成果。学校每年也会举办很多与阅读有关的活动，如竞争阅读龙虎榜、评选阅读之星等。每年的四月则会有一个学校阅读盛典。因为4月23日是"世界阅读日"，借此良机，学校会进行长达一个月的阅读专题活动，包括中文和英文的阅读。阅读材料也是丰富多彩，包含不同题材、不同类型、不同媒体的信息，以拓宽学生的知识领域与视野。给我印象最深的是圣公会仁立小学的"读书日"总结活动。活动分三个阶段进行。第一阶段进行的是一、二年级的小朋友"扮演书中的人物"。小朋友们自愿参加，打扮得真是五彩缤纷，扮什么的都有。女孩子扮演最多的是各种童话故事中的公主，还有小红帽、喜羊羊、米妮、灰姑娘、花木兰什么的，还有几个扮管家婆的，很有意思。男孩子扮演的人物相对要丰富得多，有蜘蛛侠、孙悟空、诸葛亮、大灰狼及各种动物角色。活动开始以后，这些打扮好的同学手里拿着自己阅读的图书，从礼堂的后面，顺着红地毯，就像明星走红毯一样，仿照书中人物的造型，款款而行，派头十足。活动以班级为单位，每个班级的选手走完之后，校长、班主任老师和本班的家长都会与台上的学生合影留念。活动邀请三位家长担任评委，所有的角色走完红地毯之后，评委评选出当天的最佳选手。第二阶段进行的是三、四年级的"活现书中故事"，即选择自己喜欢的一本书，将其中一段表演出来。第三阶段是五、六年级的"书中故事奇思妙想"，即对自己看过的一本书进行新的构想，再表演出来。后两个阶段的表演真是令人啧啧称赞，服装、道具、音乐、场景设置堪称专业，演员阵容也是格外庞大，爸爸妈妈、弟弟妹妹、爷爷奶奶齐上阵，只为能达到最好的演出效果。

图书馆坐馆日：香港小学提倡的"阅读不仅仅是语文老师的事"，在圣公会仁立小学体现特别充分。学校有个很特别的活动叫"图书馆坐馆日"，从校长开始，学校老师轮流到图书馆坐馆，每天一位老师。坐馆的老师要写一段勉励学生阅读的话语，学校将这段话语制作成书签，坐馆当日由图书馆助理发放给此位老师。坐馆老师要负责解答学生的疑问，辅助学生阅读，推荐好书与学生分享等。在互动环节，积极参与的学生可以得到印有老师名字和签名的书签一张。

大哥哥大姐姐伴读计划：香港很多学校都实施了此项计划。此计划有点类似"故事爸妈"。学校高年级的同学一人负责一位低年级的同学的课外阅读，在小休时段，到图书馆、风雨操场等阅读区域，带领低年级的同学一起阅读图书。

阅读奖励计划：几乎所有学校都有非常详尽的阅读奖励计划。这些计划一般在开学之初就向全体学生公布，学期结束之前逐项进行评比，一一进行奖励，极大地促进了学生阅读的积极性与主动性。

浅谈群文阅读对提升学生思维素质的
重要作用

语文运用以思维能力为基础。要提高语文能力，便要培养学生在学习语文方面必需的思维能力及思维素养。思维能力最重要的是批判性思考能力、创造性思考能力、解决问题的能力。思维素质是学生在思维活动中所表现出来的智能特征。良好的思维素质主要包括深入、灵活、敏捷、创新、明辨五个方面，五者各具特性又互相关联。要有效培养学生的思维能力和思维素质，就很有必要帮助他们掌握应用于听说读写的思维方法，如演绎、归纳、概括、类比、分析、综合、比较、联想、想象、具象化等。而这些思维方法中的类比、分析、综合、比较等是群文阅读教学中常用的方法，因此，群文阅读对提升学生思维素质有着重要作用。

（一）群文阅读可以帮助学生思维更敏捷

学生良好思维素质之一——"敏捷"在阅读中最直接的表现就是阅读有一定的速度，并能迅速抓住材料的要点。如今我们每天都要面对海量信息，需要"非连续性阅读"。"非连续性阅读"挑战着我们的阅读能力。我们需要掌握信息、分辨信息、筛选信息、整合信息并吸收信息。"群文阅读"是对现实阅读状况的回应和模拟。当今社会已经进入信息化时代，每天都会产生许多新知识。为了获取更多的信息，必须学会快速阅读。2011版《语文课程标准》明确提出："第三学段学生默读一般课外读物每分钟不少于300字。"快速阅读是一种技能，技能是需要训练的。当前我们的语文教学，一篇 500 字左右的精读课文要教两课时，略读课文要教一课时，教师可以慢慢教，学生可以慢慢读。这种单一的阅读教学方式严重影响了学生阅读能力的提高。群文阅读教学，学生在一节课中读五篇左右的文章，有效增加了学生的阅读量，扩大了学生的阅读面，提高了学生快速阅读的能力，提高了学生思维的敏捷性和灵活性。

（二）群文阅读可以帮助学生思考问题更深入全面

问题是学生思维的起点，是教师教学的手段。群文阅读教学需要单篇文章阅读作基础，但重点是指导学生在多篇文章阅读中提取信息，整合信息。群文阅读教学时，我们要把多篇文章看成一个阅读整体，设计比较性、迁移性、冲突性等问题，将多篇文章横向联合起来，培养学生重整、伸展、评鉴、创意等高层次的阅读能力。学生在一节课中读五篇左右的文章，学生忙着进行看书、思考、陈述、倾听等语文实践。学生自悟自读时间的增加，意味着教师分析指导时间的减少。这样的课堂，阅读才真正回归学生主体。"一节课里读一群文章"的课堂里，教学不可能做到"面面俱到"，教师不可能像单篇课文教学那样一节课、两节课甚至三节课教一篇课文，逐词逐句地分析讲解，必须舍得放弃，一节课紧紧围绕议题，抓住一个重点的问题进行探讨。学生对问题的解答不再是单一的，而是多元的。群文阅读追求在有限时间内让学生经历较高水平的探究性阅读，体验发现的乐趣。

在单篇阅读教学中，发现往往是借助教师的"讲"和"问"，由教师层层递进的环节设置诱导出来的。这样的"发现"，现实的模拟性不够强。群文阅读，通过文章的结构化组合，引发困惑，启动思考，最终导出发现。"明显的异同点可以启动思考，引发探究"，并且可以触发学生不同的思考点，从而对问题的思考更加深入全面。

（三）群文阅读能够促进学生批判性思考能力的发展

群文阅读教学课堂上呈现给学生的一组文章都是老师精心挑选的。学生在多篇不同作家、体裁、内容的文章阅读中进行比较归纳、分析综合、推论判断、深入思考，这对提高学生的批判性思考能力很有帮助。面对不同的文本对同一个问题的不同观点，学生自然会产生困惑，自然会去判断资料的可信度，自然会去做出甄别，这是非常必要的一种训练，也是群文阅读能带给学生的最大的受益——用批判的眼光看问题，而不是人云亦云。老师不是单一地呈现一个问题的答案，学生也不是简单地判断是与非。在自我建构的过程中，也许还会有困惑和茫然，但会在集体建构中逐渐明朗。

喜欢发问且用质疑、批判的眼光看世界的学生更显得弥足珍贵。荣获美国 2014 年度教师的肖恩是美国历史上最年轻的"国家年度教师"，他认为"学生就像一棵树，成绩只是暴露在地表的枝丫，思维模式才是深埋地下的树之根本"。他主张教师在问题中培养学生的批判性思维。在他的英语课上，肖恩经常让学生选择同一主题不同观点的文章来阅读，然后让他们分小组进行交流。"这种交流常常变成辩论，在此过程中，学生们学会了用批判的眼光看世界。"他希望通过这种方法，让学生学会质疑和思考。

在群文阅读的课堂上，教师可以依凭"多文本"的优势，教给学生一些实用的阅读策略，比如有意识地渗透整合信息的阅读策略，培养学生比较、综合、概括、归纳的能力；还可以渗透概念圈的阅读策略，通过对多篇文章的阅读，不断深化对核心概念的理解；还可以渗透对照表的阅读策略，让学生从多篇文章中提取信息，进行比较分析等。当老师把一组从不同角度介绍地球唯一性的文章放在一起，学生自然会统整了，通过统整建构起相对完整的地球只有一个、不可复制的概念。把以"老鼠"为主要角色的寓言、童话、动物故事、小品文等放在一起，学生自然会比较了，通过比较了解不同体裁文章对老鼠的刻画。把一组水浒传中的兵器放在一起，学生自然学会联结了，在联结中思考每把兵器背后角色的特征。把一组关于转基因的文章放在一起，学生自然学会辨析。

（四）群文阅读有助于培养学生创新性思维能力的发展

创新的时代，需要有独立思考、全面、辩证、创造性思维能力，需要有个人观点与创见。读书最大的益处是激发想象力和灵感，而不是看谁记住的知识多。群文阅读的课堂上，教师常常会引领学生通过对一组文本的横向比较、纵向比较、内容比较、形式比较、相同点比较、不同点比较、粗略比较、精细比较等，发现相关联的东西，触发学生创意的思维火花，同中求异，异种求同，变中求新。

群文阅读是一件非常奇妙的事情，它可以广泛地与小学语文教学的各个板块自然融合，阅读、说话、表达……在培养学生阅读素养的同时，提升学生的思维素质。

小学语文群文阅读背景下
单元习作教学策略研究

　　单元习作教学是小学语文学科重要的教学内容，担负着指导学生习作的重要任务。我校年轻教师居多，缺少习作教学经验，部分中老年老师又多停留在传统的习作教学经验上，对新课程体系下的习作教学也有些困惑，暴露出一些带普遍性的问题。

　　第一，教学随心所欲，缺少科学性和系统性。学生的习作能力训练应该由低到高、循序渐进地进行。课标对各年段习作教学目标有明确的规定，但在实际教学中，很多语文老师存在拔高要求的现象。三年级学生明明要求写一段通顺的话即可，但老师却要求学生写几大百字的作文，学生的实际能力根本达不到，只好求助于家长。于是，在家长的帮助下，学生起步的习作都有了大人的语句，缺乏自我的真实表达。

　　第二，习作指导简单空洞，缺乏针对性和有效性。实际教学中，有的老师在进行习作指导时，只讲要求，没有具体分析，没有实际指导，甚至根本不在课堂上进行指导，只是让学生回家完成，把习作指导的任务丢给家长。有的老师的习作指导脱离学生实际，只注重习作理论的讲述，在概念和术语上做文章，看似挺有学问，学生却听得枯燥无味，心不在焉。更多的老师不给学生留课堂上完成习作的时间，习惯把习作当成家庭作业布置。学生在完成的过程中遇到问题不能及时向老师求助，只好带着困惑写作，降低了质量。

　　第三，阅读与写作之间需要搭建桥梁。完成习作需要综合性学习，需要广泛阅读才能打开眼界和思路。课题组在前期的学生问卷调查中发现，学生在回答"你现在写作的主要素材来源于哪里"时，58%的同学选择了"自己或别人的生活经历"；在回答"你认为可以通过什么渠道写出创新的作文或者具有独特个人风格的作文"时，46%的学生选择了"拥有更多的写作素材"。但是，在回答"你在写作文的时候会遇到什么困难？"时，"A. 没有素材；B. 语言组织困难；C. 构思困难；D. 中心思想不明确；E. 字数达不到"五个选项中，有40%的学生选择了"A. 没有素材"。由此可见，学生的写作素材主要来源于生活，但是，学生又觉得在生活中找不到写作的素材。问题出在哪里？课题组认为，是因为学生的生活与写作之间缺少了一个连接的桥梁。学生没有将阅读、写作与生活进行连接。在进行习作指导时，老师需要帮助学生从不同的角度搭建与生活的桥梁，将生活经历与习作表达自然连接。群文阅读整组文章的方式，可以将读和写紧密结合起来，引导学生通过对一组文章的比较、分析、统整，从内容、体裁、表达技巧等方面获得更加直观与深刻的写作方法，从而将习作与生活进行连接，从而消除畏难情绪。

我校课题组借助群文阅读的优势，将"读"与"写"结合起来，以"小学语文群文阅读背景下单元习作教学策略研究"为切入口，经过三年的探索，取得了以下研究成果。

1. 拟定了群文阅读背景下小学三至六年级各年段习作训练要点

根据《语文课程标准（2011年版）》对各年段习作教学的要求，课题组拟定了三至六年级各段的习作训练点，为单元习作教学的目标制定提供了具体的参照标准。

2. 拟定了群文阅读背景下单元习作教学的内容系列

课题组梳理了北师大版语文教材三至六年级的单元习作教学，每个学期选择四个习作主题进行群文阅读的读写结合教学。

3. 建立了群文阅读背景下单元习作教学选文策略

课题组建立了单元习作教学选文的四个基本步骤：① 明确单元习作教学训练点；② 确定习作主题；③ 选文；④ 拟定教学目标。

关于训练点：主要根据本单元阅读教学中涉及的习作训练点及笔下生花训练中的要求来确定。单元习作训练点来自单元阅读课文、综合实践活动、积累与运用等。

关于选文：不是几篇文章的简单堆砌，而是根据单元习作训练点和习作主题，选取一组相关联的文章，供学生阅读。学习选文时要遵循以下原则：

（1）选文的四个基本要求

① 所选文章应多视角、多层面，尽量避免同质化，既能增加学生阅读量，丰富阅读感受，又能调动学生阅读兴趣，激发学生主动思考。

② 选文应是文质兼美的经典名篇和优秀文章，具有符合时代气息的思想内容和表达规范的语言文字，鼓励选用学生习作或教师下水作文来组文。

③ 选文应合理搭配，符合学生认知、年龄、心理特点和审美需求，长短、难易适度，题材、体裁多样。

④ 每次习作选文在四篇左右。根据实际情况，一般选文在四到六篇之间，最多不超过六篇。

（2）选文的五种基本途径

① 基于课内的选文组合：将教材中相关联的一组课文组合起来。

② 基于课外的文本组合：主要针对略读课文，结合一篇略读课文，从课外再选几篇文章组成一组群文。

③ 基于综合实践活动的选文组合。北师大版语文教材六年级下册的编排中，增加了综合实践活动的内容，减少了单元习作次数。但是，每一次综合实践活动都是非常好的习作练习机会。我们可以利用这些机会，运用群文阅读的教学方式，让学生在多首诗歌的比较阅读中发现诗歌描写内容、古诗与现代诗表达方式、

不同诗人表达风格等方面的异同，充分感受诗歌魅力，为学生接下去开展确定主题、搜集诗歌、整理诗歌、编小诗集等实践活动打开思路。

④ 基于课外阅读的选文组合。围绕某一主题选择一些相关的文章，开展群文阅读是一种课外阅读的好方法。课外书中还有一些书是由多篇小文章组成的，可以将一本书的几个故事选择后组成一组阅读材料供学生学习。

⑤ 课文内组文与课文外组文相结合。每次习作主题下的一组选文不是随意的组合，每篇文章承载着不同的功能。课堂上对一组文章进行整合之后，又会发现更多的隐藏信息。学生可以从中领悟写作的技巧与方法。比如，在教学五年级"试胆量"时，老师选择了四篇文章：《第一次睡觉》重点在通过"看、听、感、想、做"几个方面突出主人公第一次睡觉的各种真实反映；《鬼是一棵矮杉树》侧重于幻觉描写；《过山车》侧重于心理活动的描写；《鲁迅踢鬼》侧重于环境的描写。在"诗歌"主题写作指导中，老师选择了六首诗歌：《爸爸的鼾声》《钓鱼》《蓝天和海》《私房钱》《童年的水墨画》《小花朵的梦》。这些诗歌，有的内容很有新意，有的语言很有特色，有的修辞手法的运用非常巧妙。

4. 形成了群文阅读背景下单元习作教学课堂操作基本模式

如果说选文解决的是群文阅读的课堂用什么教的问题，那么，课堂的操作策略则是重点解决怎么教的问题。

群文阅读背景下读写结合的习作课堂教学一般由"读—比—统—仿—创"五个基本环节构成，对应落实"读、议、思、写"等阅读活动。其中，"比"和"统"视具体课例，可整合在一个环节进行，也可分开进行。

5. 开发了群文阅读背景下单元习作教学的基本课型

（1）指向激发兴趣的习作指导课型。所选择的一组文章旨在引起学生的表达欲望，如陈明华老师的三年级习作教学课《动作描写》。

（2）指向素材选择的习作指导课型。所选择的一组文章旨在拓宽学生思路，帮助学生从生活的不同角度、不同侧面选择写作的素材，如叶爽老师的五年级习作教学课《第一次野炊》。

（3）指向表达方式的习作指导课型。所选择的一组文章旨在引导学生用多元的表达方式进行习作的创作。

（4）指向综合实践的习作指导课型。所选择的一组文章旨在帮助学生学习各种应用文体的写作。

6. 整理了群文阅读背景下单元习作教学范例

群文阅读背景下的读写结合不同于平常的习作范文引用，它特别讲究结构化地呈现一组文章，最大化地利用好一组文章，让学生在不断阅读、比对、分析、统整中自主发现习作的方法。课题组经过反复摸索和实践，整理出了规范的习作教学范例。范例由选文、选文说明、教学目标、教学重难点、教学准备、教学时间、教学过程、学生佳作共八个部分组成。

群文的魅力课堂
——四川省群文阅读专题研讨活动课堂评点

今天的两堂课，较为真实地展示了四川省群文阅读教学研究前期研究的成果，呈现出以下几个特征。

1. 议题的确定基于学生的需要

选择什么样的议题？为什么选择这样一个议题，不是老师拍拍脑袋凭空想出来的，一定是基于学生学习的实际需要。第一节课，胡老师在说课的时候已经谈到她今天选择此议题缘于三年前学生的学习困惑。三年前困扰着学生的问题，三年来也一直同样困扰着老师：如何帮助学生理解诸如《山中访友》这类课文的表达方法？三年后的今天，胡老师从群文阅读的角度，终于找到了解决学生困扰的办法。通过一组文章的学习，特别是通过冰心和萧红这两个同时代的女作家的多层面对比，学生对冰心散文的特点的认识更加清晰明了。困扰胡老师三年的问题也迎刃而解。第二节课关注的是非连续性文本的阅读，最接近学生日常的阅读实际。像这样基于学生需要生发出来的议题，能更好地引起学生共鸣，激发学生阅读兴趣，提高阅读教学实效。

2. 文本的选择十分考究

群文阅读不是简单的几篇文章的叠加，也不仅仅是让学生读得更多，读得更广，读得更乐，最重要的是要读得更深入，通过比较、分析、归纳等方法学会独立思考。两节课议题不同，组文的方式也不同。如何同六年级的小学生谈冰心散文的特点？老师巧妙地选择了萧红与冰心各自在不同时期具有代表性的文章，让学生学会在发现中思考，在思考中不断发现。非连续性文本的选择有图、表、文字等不同形式，信息量大，涉及内容都是学生感兴趣的。两节课的选文都紧扣议题，便于学生围绕议题展开多层面的多视角的阅读，获得多样的见解。

3. 课堂呈现简约直接

群文阅读教学不仅要让学生从多篇文章阅读中获取丰富的信息，更重要的是让学生学会快速阅读、整合信息、质疑讨论等群文阅读的策略。两位老师在课堂上围绕议题，通过引导学生对不同文本之间的比较——横向比对，纵向比较，让学生在自我探究、共读共建的过程中各抒己见，最终达成共识。如第一堂课通过分类浏览、比较欣赏、发现异同几个环节，步步紧逼，最终达成共识：不同的家庭环境、不同的人生经历，会发展出作家们不同的文学风格，所以读者才能"读文知人"。第二堂课中对旅游出行路线的选择，更是需要学生整合景区介绍、图、表等多个非连续性文本的信息，综合分析，对比思考，才能选择适合不同家庭的旅游线路。这种阅读能力的训练，对于学生的一生至关重要。在多元共生、众声喧哗的信息社会中，能做出自我分析、决断是多么重要！它让学生成为信息的主人，而非奴隶。阅读需要思考，需要独立的思考，然后才能走进心灵，让我们拥有清明的人生。

4. 阅读时空无限延伸

学生的学习成效如何？学生最有发言权。主持人的巧妙设计让在场的老师目睹了学生在群文的阅读中的收获。当学生轻易辨识出主持人抛出的文章选段出自冰心还是萧红的作品时，我们都知道，困扰学生和老师的问题解决了。课堂的时间一定是有限的，当主持人把一本冰心文集送给上课老师的时候，实际上是在和该老师一起把学生阅读的目光引向无限的课外：去读冰心吧！去读萧红吧！我想，这也许才是群文阅读最大的魅力所在。

课堂上，那双高高举起的小手
——四川省中青年教师习作教学竞赛观课有感

　　前不久，笔者观摩了四川省中青年教师习作教学竞赛活动，在为那些灵动的课堂激动喝彩的同时，也为课堂上留下的些许遗憾而遗憾。

　　记得有堂课的教学内容是细节描写。此时观察的是一段视频，课堂按照老师的预设顺利地进行着，当老师带领学生关注了画面上的最后一个细节：儿子将钱悄悄压在了吃过的面碗下时，教室第一排一位小男孩的手高高举起，可惜老师一直在教室的中部与学生对话，眼看学生的争论逐渐明晰，老师在小结之后转过身来准备到黑板前板书时，猛然发现了这双倔强高举的小手，于是赶紧请他发言。好不容易争取到的机会岂容错过，小男孩接过话筒，迫不及待地大声发表自己的看法："老师，我对某某同学的发言有意见，我觉得你刚才的话也有问题！"从课堂预设来看，此环节应该在此结束，面对半路杀出的这个"程咬金"，老师略微迟疑了一下，对那小男孩说："我们待会儿再说好不好？"然后继续板书和小结。

　　这孩子究竟想说什么？在这样一个不同于往常的课堂上，他如此坚持，理由何在？我对他及他的问题产生了极大的兴趣，期待着老师在后面的教学环节能够再次给这个孩子说话的机会。很可惜，一直到下课，老师都没有再和孩子讨论这个问题。

　　下课了，强烈的好奇心促使我找到了那个男孩，于是有了以下的对话：

　　"孩子，我很好奇你刚才在课堂上发言时没说完的话是什么。"

"你是——？"男孩警惕、狐疑地问。

"我是听课的老师，我对你刚才的话很感兴趣，想听你把话说完。"

"是这样的。我觉得老师和某某同学的话有问题。因为，老师和同学都是站在同样的一个角度看问题，都觉得那个儿子悄悄地把钱放在碗下，是因为老板不会收送给他们的那份牛肉的钱。可是我却觉得也许儿子的心里不是这样想的呢。站在儿子的角度，也许他会觉得我不需要老板的帮助，我是有牛肉面的钱的，只是我觉得不用浪费，只要给爸爸吃牛肉面就可以了，我吃馒头无所谓。从儿子掏出钱压在碗下来看，他身上是有钱的，他这样做肯定有他的原因。我们总是站在自己的立场去看别人，这是不对的！特别是我们在帮助别人的时候，我们总是不去站在人家的角度思考问题，也不去问问人家是否需要这样的帮助！"

好家伙，小男孩一阵"噼里啪啦"，激动处还加上了有力的手势。

"你怎么会有这样的想法呢？"

"我们不是学过角度这个单元吗？就是要从不同的角度去看问题啊！我从这个细节不仅看到了感激，还看到了儿子的自尊和自强，所以我不同意老师的说法。"

好有思想的一个孩子！听罢这番话，有点替那位老师惋惜，多好的一个课堂生成啊！沿着这个话题，组织学生展开讨论，那是何等的精彩！相信学生对儿子的认识会更加立体和多元，人物描写也会更加丰满。同样一个细节，孩子站在不同的角度，看到的是不同的见解。"多角度思考问题"，在我们和孩子学完这个单元之后，我们就把这个思维的习惯留在了这个单元，没有迁移到后续的学习之中。遇到如此活跃思维的学生，应该是老师之大幸！省级赛课，执教老师所背负的压力是巨大的，当时他的处理方式也在情理之中。但是，如果能够留一两分钟给这个孩子，紧紧抓住这个鲜活的生成，带领学生再次关注儿子放钱的细节，引导他们从不同角度揣摩儿子此刻的心理，感激也好，自尊也罢，一定会有"柳暗花明又一村"的别样精彩。可惜，基于预设的教案，老师放弃了一个令课堂更具思辨力、探究性的精彩之处，着实有点可惜。从老师整堂课的表现看，个人素质非常好，教学设计很巧妙，课堂上与学生的交流也很出色，如果当时给了这个孩子说话的机会，相信此处必有精彩！

叶澜教授曾指出："课堂应是向未知方向挺进的旅程，随时都有可能发现意外的通道和美丽的图景，而不是一切都必须遵循固定线路而没有激情的行程。"如何平衡课堂上预设与生成的关系，是一个说起来容易、做起来难的话题。只有在实施预设时不局限于预设并机智地处理好预设与生成的关系，才是提高课堂教学效率、真正实现以学生为主体的关键所在。课堂所有的生成都是宝贵的教学资源，对于这些教学资源，教师必须迅速地做出判断，筛选出那些有价值的充满着智慧火花的问题，引领学生通过思考、讨论、批判、反思、质疑，得出正确的认识。

《语文课程标准》指出，"学生是学习和发展的主体。语文课程必须根据学生身心发展和语文学习的特点，关注学生的个体差异和不同的学习需求，爱护学生的好奇心、求知欲，充分激发学生的主动意识和进取精神……"这些目标的达成，不能只停留在口头和心头，重要的是要落实到每一个教学实践中；不是一朝一夕，需要的是持之以恒。

让语文核心素养的培养在课堂上落地生根
——杨坤《临死前的严监生》评析

在中国教育学会小学语文教学专业委员会举办的"第二次语文教学研讨会"和一年一度的"小学语文特级教师高端论坛活动"上，陈先云理事长提出了小学语文核心素养清单，其中包括语言理解能力、语言运用能力、思维能力、初步的审美能力等几个方面。如何让核心素养清单中涵盖的内容在课堂里落地生根？这需要广大一线教师扎扎实实地实施。杨坤老师执教的《临死前的严监生》一课，就是一线老师在语文课堂教学中培养学生语文核心素养背景下的新思考、新实践。以下四点做法值得大家借鉴、思考。

（一）阅读需要安静的时空

李政涛教授曾经说过："教育的本质一定是静默的，而不是喧闹的。因为人的成长，是内在的成长，其过程必定是安静而且朴素的。"有深度的思考一定需要一个安静的环境，在嘈杂喧闹的情景下，很难有独立的、真正的思考。默读由于不出声，不会互相干扰，保证了环境的安静，更利于集中思考、理解所读的内容，而且不易疲劳，易于持久。课堂上，我们的语文老师要学会做一位安静的淑女或是缄默的绅士，安静地陪伴学生阅读。低年级的语文课堂朗读教学为主要方式，高年级的语文课堂上，学生默读思考的时间一定要给足。杨老师的课堂上，我们看到有大量的学生读书的时间，一共有五次明确的集中读书的环节，其中有两次是小声自读，有三次是静心默读。特别是在对文段二的二次阅读时，老师明确提出："请大家看着文段，静心地默读，勾画出描写严监生反应的语句。从严监生的动作神态中，推想出他可能在想些什么。"此时，几千人的体育馆里，会场前方的课堂没有执教老师说话的声音，没有学生回答问题的声音，老师安静地行走在课堂上，默默地注视着阅读的学生。静静的课堂，静静地阅读、思考、批注，但学生的思维却在高速地运转。在小语国赛这样的大会场，杨坤老师让学生几次三番地安静阅读，需要勇气，值得学习。

（二）阅读需要策略和方法

在阅读课堂上，老师除了带领学生理解课文内容，更要教给学生阅读的策略和方法。杨坤老师把课文根据故事情节的发展分为三个文段逐一出示，巧妙地将推想的阅读策略贯穿始终，不仅讲策略，还讲了如何运用策略。课堂上一共有三次推想，吊足了学生的阅读期待，极大地激发了学生的阅读兴趣。第一次推想在引入课题之后："那么大家现在根据这个题目，推想一下，这可能是一个什么样的故事呢？会写点什么呀？"引出对文段一的学习。第二次推想在学完文段一之后："我们来推想一下，作者在接下来的文段里，最可能围绕我们刚才提的哪一个问题来写？最可能解决哪一个问题？"第三次推想的设计最令人赞赏，在学生学完片段二后，老师不是简单地让学生猜猜严监生的两根手指到底是什么意思，而是做了这样的引导："想知道先猜一猜，怎么猜？你们手上现在有这样四份材料——有文段一、有文段二、一则课文导读，还有一幅课文插图，我们根据这四份材料来推想一下，这两根手指可能是什么？请前后四个同学，小组内合作交流一下"。这样的教学，带给我们的启示是：推想不是胡思乱想，经过整合多方信息，缜密思考之后，推想出来的内容更贴近事实的本源，让阅读推想具有思维含量，这才是真正的阅读策略运用。这样的教学，授的是"渔"，正如杨坤老师告诉学生的那样："我们在阅读小说的时候，可以循着故事的情节，充满了期待去提问、去推想、去思考，这样的话，阅读小说、阅读故事就可以像旅行一样，充满了趣味，其味无穷。"

（三）阅读需要关照学生的需求

学生是学习的主体，课堂解决的应该是学生的问题。杨坤老师在课堂上智慧地退让，把课堂真正还给了学生。"平时大家要回答老师很多问题，我们今天调整一下，咱们今天提问，不回答问题。""有没有谁能够帮他们解决一下？""我们现在默读文段一，想一想你的脑子里面有哪些内容上的问题？你对这个内容还要提些什么问题？"这些提问环节的设置不是为了走个形式，而是实实在在给足学生思考讨论的时间，我们在课堂上看见"学习"——看见学生的"真问题"，看见学生的"真探究"，看见学生的"真分享"，更看到了学生在这节课的"真成长"。

（四）阅读需要把握文体的特点

不同的文体教学方法应该不尽相同。《临死前的严监生》是一篇小说，人物形象、故事情节和环境描写是小说的三要素。杨坤老师对文体的处理极为恰当和到位。课上，杨老师带领学生经历了两次不同的阅读。第一次阅读重在推想阅读策略的运用，通过不断地推想和印证，感受作者构思的精巧。第二次阅读则通过细读品味第二个文段的内容，既生动地诠释了严监生极为吝啬的人物形象，又初步感知了拖延折腾这一艺术形式，整个教学张弛有度，疏密有致。

此外，杨坤老师在指导学生朗读的时候，也十分注意对文体的把握。在学生按照平日的朗读习惯读课文之后，杨老师这样告诉学生："听了大家的朗读，老师有个小小的建议，我们这是小说，我们在阅读这种有故事性文字的时候，要学会入情入境地讲述。《儒林外史》这本书是章回体小说，它是由古时候那些评书艺人说话的底本发展而来，古时候这些都是被拿来给别人说的，所以我们不是朗诵，咱们要来讲述，就像这样，来，我试一下。"接着，老师给学生示范了一段，让学生模仿尝试。小学语文课本中课文文体十分丰富，诗歌应该有诗歌的朗读方法，散文应该有散文的朗读形式，2011 版《语文课程标准》特别强调"朗读要提倡自然，要摈弃矫情做作的腔调"，意即如此。

　　杨坤老师的这堂课设计很巧妙，充分运用阅读推想的策略，有理念，有高度，有深度。课堂行进很真实，有情趣，既有词句的落实，也有篇章结构的理解，还有思维的飞扬，将小学语文核心素养的培养真正落到了实处。杨坤老师良好的个人素质、风趣幽默的教学语言，也给听课老师留下了深刻印象。

附：

《临死前的严监生》课堂实录

四川省德阳市中江继光实验学校　杨　坤

师：同学们好，我们今天要学的课文是五年级下册的一篇课文《人物描写一组》，让我们先看看这篇文章的三个片段，请大家推想一下文章里面可能会用到哪些人物描写的方法。

生：我觉得第一篇应该会用到动作描写，因为他是比摔跤，肯定会有一些动作。

师：非常合理呀！第二篇？

生：第二篇我觉得《临死前的严监生》应该会有一种很凄凉的描写，就是很伤感。

师：你谈到的是内容了。

生：我觉得第二篇应该会出现语言描写，因为他临死前会有一些遗言什么的。

师：要交代？

生：对。

师：好，第三篇？

生：我觉得应该会有语言的描写，因为他说初见嘛，肯定要打招呼的，所以应该有语言描写。

师：是啊！就像我们刚才一样，见面先打招呼，对吧？好！大家的推想合情合理，我们今天要学的是第二个片段，齐读课题。

生（齐读）：临死前的严监生。

师：很好，这个字很容易读错，你们今天读对了，严监（jiàn）生，第四声。那么大家现在根据这个题目，推想一下，这可能会是一个什么样的故事呢？会写点儿什么呀？

生：写一个悲惨的故事。

师：里边可能会写什么东西呢？

生：就是我觉得应该是一个人将死去的故事。

师：恩，还有吗？来，请你！

生：我觉得这个故事会写临死前他对自己亲人的一些遗嘱。

师：很好，大家都抓住了一个关键词，哪个？

生：临死前。

师：临死前，那到底这是一个怎样的故事？请大家拿出一号信封，读一读文章的第一部分，看一看是不是和我们的推想吻合。我有一点提醒，请注意：这是一篇古典小说，它的语言和用字与我们现在有点儿不一样，所以大家一定要结合课文下面的注释去阅读它，开始吧！自由地把声音读出来！

（生自由读课文）

师：好，这段儿讲的什么内容啊？来，请你说。

生：我觉得这一段讲了严监生生病时已经病得很重了，但是他还有几件事情没有办完，然后就把手从被单里伸出来，然后伸出两个手指头。

师：好的，说得太好了，请坐。那么大家看到第一个部分，是不是写的临死前？

生：对。

师：说明你们的推想，第一步是正确的，要给自己点赞。（稍停）平时大家总是要回答老师很多问题，我们今天调整一下，咱们今天提问，不回答问题。首先，除了下面的注释之外，有哪些词语你还不太明白？请你提出来，来，请你。

生：晚间里挤了一屋的人，为什么叫晚间不叫房间？

师：行，又一个问题。请你——

生：诸亲六眷是什么意思？

师：好，请坐。我想大家有这些问题，但是肯定也有一些同学对这些词语有所了解，有没有谁能够帮他们解答一下？

生：我帮陈诗琪解决晚间的问题，古代财主都有很多房间，他指定某一个房间去干什么。晚间就可能是用来睡觉的，它是分房间的。

师：哦！你说晚间就是一个地方，是吧？不对！这是古典小说，它的用语的确和现在有点儿不一样，这晚间其实就是我们平时说的晚上，是时间，不是地方。明白了吧？好的！还有谁来？请你！

生：我来帮助陈思彤解决诸亲六眷的问题，诸亲六眷就是他的那些亲戚。

师：对！亲戚。我要是说"诸位同学"，我说的是你？还是你？还是谁？

生：全部。

师：那诸亲六眷就是什么呀？

生：全部的亲戚。

师：对，就是全部的亲戚。我们这样的学习就叫"互通有无"。那现在咱们解决了这些词语以后，我们再次默读文段一，想一想你的脑子里面有哪些内容上的问题？你对这个内容还要提些什么问题？我看看你们能有多少问题提出来，开始默读。

师：你有什么问题？

生：我想知道为什么中秋以后一家不下药了？

师：哦。

生：我还想知道严监生他是怎么得这个病的？

师：想知道得病的原因。

生：我想知道为什么严监生要把手从被单里拿出来。

师：恩，很好奇。

生：我想知道为什么他要把管庄的家人都从乡里叫了上来。

师：好，咱们提问就代表我们阅读的时候在理解、在思考，哲学家说问问题比回答问题还要重要。那现在这些问题咱们也暂时不用回答它。我们来推想一下，作者在接下来的文段里，最可能围绕我们刚才提的哪一个问题来写？最可能解决哪个问题？

生：最可能解决为什么把手从被单里拿出来。

师：你们还有谁是这样想的？举手。

师：看来你们不但是读者，还有点像作者。你说为什么要解决这个问题？

生：因为文段一里面他说伸着两个指头，他没有往下写，就是大家猜一下后面讲的什么事。

师：恩，非常好，承接前面来写。文段二里是不是写的这个内容呢？我们的推想正不正确呢？现在请拿出文段二，自由地阅读。

（生读文段二）

师：文段二是不是围绕两根手指写的？刚才推想正确的同学请举手。很不错，果然有作者的思维。我们来读一读文段二。请女同学读诸亲六眷猜想的话，男同学读严监生的反应，我来旁白。

师："大侄子走上前来问道——"

女生："你莫不是还有两个亲人不曾见面？"

男生："他就把头摇了两三摇。"

师："二侄子上前来问道——"

女生："二叔，莫不是还有两笔银子在那里，不曾吩咐明白？"

男生："他把眼睁得滴溜圆，又把头狠狠地摇了几摇。"

师："奶妈抱着哥子插口道——"

女生："老爷，想是因两位舅爷不在跟前。"

男生："听了这话，只是把眼闭着摇头，那手只是指着不动。"

师：读到这里，我们脑子里边又浮现出了什么问题？（生争先恐后举手）但是现在，我们只能提一个问题，把你觉得最重要的、你最想知道答案的那个问题提出来。请你。

生：我想问一下他这里指着不动他是指的什么？下面一定有讲。

师：很好，你。

生：我想知道他的亲人为什么都不了解他呢？

师：恩，你。

生：我想知道严监生的两根手指到底指的是什么？

师：好，这两根手指到底指的是什么？有多少人对这个问题感兴趣？举手。是啊，我也觉得纳闷儿啊！你要说他这两根手指吧，还真奇怪，你比如杨老师要是饿了，一到面馆，我两根手指这样一伸，那肯定就是——？

　　生：二两面。

　　师：要是一个酒鬼，他这样一伸，他就要——？

　　生：二两酒。

　　师：要是一个烟鬼他这样一伸——？

　　生：要两根烟。

　　师：这叫人之常情！一个临死的人，大家猜想他是想见两位亲人、两笔银子、和两位舅爷，这合理吧？

　　生：合理。

　　师：但是他却不停地摇头，那我们就奇怪了，他这两根手指到底是什么意思呢？

　　师：你看，咱们的疑问不但没解决，而且还越来越大了，那他这两根手指到底是什么意思呢？你们想知道吗？

　　生：想。

　　师：想知道先猜一猜，怎么猜？你们手上现在有这些四份材料——有文段一，有文段二，有一则课文导读，还有一幅课文插图，我们根据这四份材料来推想一下。这两根手指可能是什么？请大家前后四个同学小组内交流合作一下、讨论。开始。

　　（生小组内交流讨论）

　　师：好，停。请那个小组的同学。

　　生：我觉得后面这里应该是写严监生后来会怎么样，那两只手指代表什么意思，而且我从前面的课文导读里面我们知道，说描写了封建社会读书人对功名的追求，这句话让我知道了严监生应该是个读书人，因为监生是对古代读书人的一种称号，而且前面这里作家吴敬梓用讽刺的手法就代表可能讽刺严监生的。

　　师：你觉得是讽刺，那么这两根手指可能是什么呢？你要补充？来！

　　生：我觉得这两根手指应该指的是那两根灯火。

　　师：就是补充他刚才说的是吧？好，你们合起来就是一段完整的推想。

生：导读上写着"在小说里严监生是一个很有钱的人"，从"很有钱"这个词我推想下面有可能说是关于钱的。

生：首先可以从导读里看到严监生是一个很有钱的人，那证明他指两根手肯定是提到一大笔钱的原因，然后还有一个就是说古典讽刺小说证明就是讽刺严监生的，监生是古代对读书人的一种称号，读书人就是对功名的追求，那么就是有讽刺，还有就是两根手指的意思大概就是指钱。

生：课文下面的解释里说"监生"就是读书人的一种称号，我推想他是不是还想再读两本书？

生：从文段一里我们看到他都已经病得非常严重了，都快要死了，我推想他可能是想要在多活两天，或者想再吃两片药。

师：谁都爱惜自己的生命，这也合情合理！

师：好，那这两根手指到底会是什么？是一大笔钱吗？是两片药吗？还是其他的呢？我们的推想正确吗？赶紧拿出文段三，马上读。

（生读文段三）

师：读完了是吧？刚才这位同学边读边笑，你在笑什么？你说说。

生：我觉得严监生有点奇怪，他临死了为什么还要为家里的灯着急呢？他死了那灯就和他没什么关系了。

师：对啊，没关系了，但严监生却关心得很呢！现在我们知道了，这两根手指就是指的什么呀？

生：两茎灯草。

师：是两茎灯草，其实不完整。把那一句连起来说是两茎灯草怎么样？

生：费了油。

师：是两茎灯草费了油对吧？

生：对。

师：这两茎灯草要是在药铺里面去买，拿我们现在一分钱可以买十多根，那费了点油也不过就是一小酒杯，那你们想到过他这两个手指竟然是指的两根灯草？你想到过吗？没想到。这事太出人意料！书读到这儿，我不多说什么了，我把话语权交给你们，请大家评说一下我们今天的主人公——这位临死前的严监生，谁来？请你。

生：我觉得严监生是一个为钱很不爱自己的人。

师：好，连自己都不爱，就爱钱了。

生：我觉得严监生是一个吝啬鬼。

师：恩，你说说。

生：因为他爱钱爱到什么都不要了。

师：好，请你。

生：我觉得严监生是一个吝啬鬼，严监生是一个很有钱的人，那为什么还要为两茎灯草而担心呢？

师：好，严监生我们从他的两根手指，这第一次读到，感受到他是一个很吝啬的人。

师：孩子们，咱们这是第一次阅读，今天这种阅读方式和体验，其实就是我们平时阅读方式的一次放慢脚步，我们在阅读小说的时候，可以循着故事的情节，充满了期待去提问、去推想、去思考，这样的话，阅读小说、阅读故事就可以像旅行一样，充满了趣味，其味无穷。那么现在请大家把三段文字合起来，浏览全文，再一次完整地感受这个故事，浏览就要快。

（学生浏览全文）

师：停，你们发现没有，如果我们把文段二去掉，当严监生伸出两根手指的时候，直接让赵氏把谜底揭开，这个故事也比较完整，而且很省事儿，但是作者却在这个过程中安排了大侄子来猜啊，然后二侄子又来猜啊，猜到后来连奶妈都要来插话了，这太费事儿了，那为什么要这么去拖延折腾呢？有什么意思呢？

生：我觉得这样写就是要留点悬念，让大家去猜想两根手指是什么意思。

师：悬念，听出来了。

生：我觉得这样写就是想突出他的亲人们都没猜出来，只有赵氏才猜得出来。

师：好，突出对比。

生：我认为文段二写出严监生吝啬的特点不是很突出，只有天天和他在一起的赵氏才知道他想表达什么意思，那些大侄子他们都猜不出来。

师：好。

生：我觉得这样写更能突出严监生是个吝啬鬼，因为只有最懂他的人才知道他想什么。

师：好，听出来了，首先大家觉得这样一写就有了悬念，有了对比，有了阅读的期待，就很有兴趣去读。这就是作者在小说结构上构思精巧的地方。

师：也有同学说这样感觉到严监生吝啬鬼的形象更加鲜明，那么他是如何鲜明起来的呢？我们就一起再来读一读这个文段二。请大家拿出文段二，静心地默读，勾画出描写严监生反应的语句。从严监生的动作神态中，推想出他可能在想什么。开始。

（学生默读勾画推想）

师：他在想什么呢？请你。

生：请大家看第二段，"他就把头摇了两三摇"还有"他把两眼睁得滴溜圆，把头又狠狠地摇了几摇，越发指得紧了"。再看最后一句，"他听了这话，把眼闭着摇头"。这些都是严监生的反应，他的亲戚们问了他很多件大事，但他都表示不对，首先是很着急，最后到非常非常着急，大事都不是，那肯定指的是小事，更加突出了严监生的吝啬。

师：好，你这阅读非常有深度。那你说说他心里可能会怎样想。

生：他可能会这样想，开始"他把头摇了两三摇"时，他想说怎么还没有人猜出我的想法呢？"他把两眼睁得滴溜圆，把头又狠狠地摇了几摇，越发指得紧了"时，就是有点快支撑不住了，他想我的亲戚怎么还没猜出我伸出两根手指的意思呢？赶紧来人猜出我两根手指的意思啊。

师：是吧，你再来。

生：严监生可能在想："如果大家再猜不到的话，灯草就要烧完了怎么办呢？怎么办？"

师：所有这些，严监生是多么想把这些告诉大家，但是他已经一连三天不能说话了，他只能干什么？

生：做动作。

师：做动作，用手指啊！所以他不能说，他只能——

生（齐读）：把头摇了两三摇。

师：他心里也很着急，但是他说不出来，他只能——

生（齐读）："把两眼睁得滴溜圆，把头又狠狠地摇了几摇，越发指得紧了。"

师：他多么想说这是我的两根灯草啊！可是他说不出来啊，他只能——

生（齐读）："把眼闭着摇头，那手只是指着不动。"

师：听了大家的朗读，老师有个小小的建议，我们这是小说，我们在阅读这种有故事性的文字的时候，要学会入情入境地讲述。《儒林外史》是章回体小说，它是由古时候那些评书艺人说话的底本发展而来，古时候这些都是被拿来给别人说的，所以我们不是朗诵，咱们要来讲述，就像这样，来我试一下，我请个同学。来，请你。我要来给你讲述这个事情，我不读。我给你讲啊，这严监生啊，他把那两眼啊，睁得滴溜圆！把那头又狠狠摇了几摇，那手啊，是越发指得紧啰。你也像这样，把它讲给我听好不好？你试一下！

生："严监生把眼睛睁得很圆很圆，又把头狠摇了几摇，把手越指得紧了。"

师：好，这个就没有拖读了，比较像讲述了。我们现在就把刚才这种感觉带到这句话里，把这句话说给我听。

生："他把眼睛睁得滴溜圆，又把头狠狠摇了几摇，越发指得紧了。"

师：把动作和眼神儿再加上讲给我听。

生："他把眼睛睁得滴溜圆，又把头狠狠摇了几摇，越发指得紧了。"

师：怎么样？就比刚才好多了。现在大家同桌之间就像这样练习一下这几句，加上动作，加上你的表情，相互之间讲给对方听。

师：好，停。谁来试一下？你随便选一句。

生："他把眼睛睁得滴溜圆，又把头狠狠摇了几摇，越发指得紧了。"

师：好，这种感觉是对的，就用这种感觉来读这句话，现在加上动作都可以。

生："他把眼睛睁得滴溜圆，又把头狠狠摇了几摇，越发指得紧了。"

师：很好，请坐。咱们以后读有小说这类有故事性的文字的时候，就要学会入情入境地讲述，而不是朗诵。现在我们来看，咱们刚才看到的、读到的，是严监生的什么呀？动作！但是心里体会到的却是什么？大声说。

生：心理。

师：对，他的心理。严监生的心理作者写了吗？

生：没有。

师：没有写，但是他的心理，你能体会到吗？

生：能。

师：从什么？

生：动作。

师：对呀，从这些动作、神态却体会到他的心理，这就是作者在语言上运用的纯熟传神之处。

师：你看，这文段二重要吧？

生：重要。

师：能去掉吗？

生：不能。

师：不能！文段二里这番拖延折腾，不但有精巧的构思，还有传神的描写，真是好一个拖延折腾啊，正如咱们《齐省堂增订儒林外史》中有这样的评语，读——

生：越要紧时，偏慢慢叙写，拖延折腾，是行文一定不一之法。

师：再读。

生：越要紧时，偏慢慢叙写，拖延折腾，是行文一定不一之法。

师：所以这两根手指他不能一下子就把这秘密揭示出来，而要如此这般拖延折腾，当我们的期待到达顶点的时候，突然一落千丈，形成强烈的反差，于是啊这两根手指也就被折腾成了咱中国古典文学史上一个不朽的经典，这一个简单的细节就变得不简单。那你说老师，拖延折腾那么好，那咱们使劲儿拖吧！拖它三七二十一次，九九八十一次，三千六百五十次，好不好？

生：不好。

师：你说说。

生：因为如果拖得太长，人家没耐心读了。

师：哦，那是王大娘的裹脚，不好，又长又臭，不行。你说。

生：拖得太久读着就没有耐心，就没有刚开始那种悬念激情。

师：非常好，所以啊，咱们中国古典文学中，非常善于运用拖延折腾这种技法，但是一般以三次为宜，比如说刘备去见诸葛亮的时候，要——

生：三顾茅庐。

师：孙悟空遇到白骨精那是——

生：三打白骨精。

师：对，到了火焰山要借芭蕉扇那叫——

生：三借芭蕉扇。

师：还有……不能说了，我也只能说三个，剩下的你们自己去找。拖延折腾虽好，可不能贪多。

师：同学们，咱们今天认识了一个吝啬的严监生，但是从古到今有很多人研究过严监生，有人说严监生是可笑的，也有人说他是可怜的，还有人说严监生是痛苦的，但也有人说严监生是幸福的，那究竟他是怎样的一个人呢？请君细品《儒林外史》，读读这本书的名字。

生：儒林外史。

师：好，下课！

师者人生课中立

灼灼桃花曾热闹一室童音

熙熙冬阳曾温暖一衾清梦

万象皆宾客而谁为主

一方讲台何以安身其中

课，是师者的立此存照

课，是师者的气贯长虹

课，是师者的人生哲学

课，是师者的立德言功

《冬阳·童年·骆驼队》教学实录

我的思考：让儿童站在课堂的中央

　　2015 年 12 月，应全国小学语文专业委员会的邀请，我为第十四届"海峡两岸及港澳地区小学语文教学研讨活动"献了此课。

　　一直以来，关于学生主体地位的落实都是语文教学的焦点。

　　课堂是师生面对文本进行交流的认知活动，学生要从最近发展区走向新经验的完成，教师的指导必不可少。

　　然而，教师的指导依据是什么？

　　我以为，教师的指导既不是文本内涵的关键，也不是教学任务完成的线路，而是学生的学习需要。

　　基于这样的理解，我力图在本课体现这一思想。

第二课时教学实录
整理：陈明华

　　师：上课，孩子们好！

　　生：老师好！

　　师：孩子们请坐。看来每个班都有自己的规矩哈，李老师不知道！好了孩子们，昨天我们已经学习了课文。昨天你们很能干，我们通过小组合作的方式，我们理出了这篇课文主要写了几件事。

　　生：4 件事。

　　师：围绕这 4 件事（师指板书："学咀嚼，聊驼铃，想剪毛，问去处"），我们知道了作者还给我们介绍了骆驼。我们昨天也了解了骆驼留给作者的印象。那在下课的时候呢，李老师请同学们想办法动脑筋，提出你今天这节课想学习的问题。每个小组都把问题交给我了，我把大家的问题进行了一下归类，然后我发现其实在这么多的问题当中，大概可能把它们归为了这么几类。（师指着黑板上贴上的一组便利贴）比如说这一类，主要是集中在对题目的理解上，还有不明白的地方。还有一部分同学指向的是课文的内容。还有一部分同学想了解作者要表达的情感。有两个同学很牛，他们提出的问题与这篇文章的表达方式相关。李老师在酒店里看同学们提的这些问题的时候，看得我一阵阵发……

生：愁（笑声）。

师：愁啊，我才不愁呢！你们那么聪明！我一阵阵发热！同时我也在想我今天的思维必须要高速运转，我才能跟得上你们！那今天我们的这节课就从你们的问题入手，就来解决你们的问题！好不好？

生：好！

师：那今天五4班的第一问，是谁呢？刘瑞彤！是谁？请举手！

（生举手）

师：刘瑞彤和另外几个同学提了这样一个问题：骆驼队来了，究竟给作者带来了哪些乐趣呢？他希望我们这几个好好地研究一下。这节课我们就从这个问题入手行不行？

生：行！

师：再回忆一下，昨天我们搞了一个投票，这4件事情人气指数最高的是哪一件？

生：学咀嚼。

师：投了多少票？

生：37票。

师：你们有这么多孩子喜欢这个内容，它里面一定有许多有趣的地方。请大家翻开书，找到写咀嚼的这一个段落。是第几自然段？

生：第4自然段。

师：请，那 37 个同学放开声音给大家读读这个自然段。

（生朗读第 4 自然段）

师：读得真好，谢谢 37 位同学。你们从这件事情的哪些地方读出了乐趣呢？刘瑞彤自己有发现，我们先请她来说说。

生：请大家看着书中的第 4 自然段，"它们咀嚼的时候，上牙和下牙交错地磨来磨去，大鼻孔里冒着热气，白沫子沾在胡须上。我看呆了，自己的牙齿也动了起来。"从这两句看出作者非常喜欢骆驼咀嚼的样子，作者用了许多动词来描写，我觉得这样更有乐趣。

师：这是刘瑞彤的发现，还有发现吗？

生：请大家看这最后一句，"我看呆了，自己的牙齿也动了起来。"我觉得是作者看到骆驼咀嚼的样子，非常好玩，所以自己跟着学了起来，这样作者也不会觉得无聊，找到了一件好玩的有意思的事情。

生：老师我对这个同学还有补充，我从这个"看呆了"看出作者看得入了神，把周围的一切都忘记了。把骆驼的样子写得惟妙惟肖，写得很真实。

师：真会读书！

生：我也从这句"我看呆了自己的牙齿也动了起来"看出作者看得入神自己忘记了一切，牙齿动了起来是她情不自禁，这说明她已经融入这件事情当中。

师：在刚才的交流过程当中，其实你们已经不知不觉地发现了骆驼给小英子带来的乐趣。骆驼不仅是在动的时候有趣，你们还有别的发现吗？

生：请大家看到第 4 自然段，"那样丑的脸，那样长的牙，那样安静的态度"，这一句是对骆驼样子的描写。丑和长给作者留下的印象。请大家再看到"安静"这个词，虽然骆驼长着丑的脸和长的牙，但是它安静的态度却让作者十分钦佩。而且这骆驼也十分吸引作者，让她有了后面更多细致的观察。（掌声）

师：好厉害呀，我都觉得这节课我不用讲了。孩子们不仅自

己会读而且读得那么好！刚才大家都关注到了这个句子，一起读。

生："那样丑的脸，那样长的牙，那样安静的态度。"

师：正如刚才这位同学所说，骆驼虽然长得丑，但是它却十分安静，丑乖丑乖的。再看李老师变魔术，我把这个句子变一变。

生："那样丑的脸，长的牙，安静的态度。"

师：比较一下这两个句子。

（多生举手）

师：我还没有想好提什么问题，怎么手"刷"就举起来了？你来说我要提啥问题。

生：我觉得李老师是想让我们把两个句子做对比，看看哪一个句子写得更好一些。

师：太厉害了，我想问的正是这个问题。请那个女孩子来回答。

生：我觉得第一种比第二种要好一些。因为三个"那样"可以突出骆驼的脸很丑，它的牙很长，它的态度很安静！

生：我想补充一下，也觉得第一种更好一些，因为连用三个"那样"，程度就更深了。第二个句子，只用了一个那样就不能体现出这种感……情。

师："感觉"对吧！

生：嗯！

师：我明白了他的意思，是说，那样丑的脸，是很丑！那样长的牙——

生：很长！

师：那样安静的态度——

生：很安静！

师：感觉越来越——

生：深刻！

师：骆驼的脸，同学们见过吗？见过的举手！我们大家一起来见见！（出示骆驼脸部照片）用你的语言来描述一下这是一张怎样丑的脸。

生：我觉得骆驼的鼻子有点歪，眼睛凹进去了，脸又特别长，感觉很丑！

师：怎样的牙？

生：那样长的牙！

师：用你自己的语言来说！

生：我觉得它的牙齿特别脏，而且还是地包天！（笑声）

师：是呀，参差不齐，吃东西的时候，嚼着嚼着上面还沾满了食物！可作者却又说，那样安静的态度！她到底是喜欢还是讨厌呢！

生：喜欢！

师：这是小孩子的世界，大人都不懂的！（笑声）我们再来看它吃东西，有两个词给英子留下特别深的印象，是哪两个词呢？

生：交错，磨来磨去。

师：骆驼是怎样嚼的？做给我看！（学生纷纷演示）小狗是怎么吃东西的？（生演示）小猫怎么吃东西的？（生演示）小鸡怎么吃东西的？（生演示）你怎么吃东西的？（生演示，笑声）好像都跟骆驼吃东西不一样！骆驼怎样吃东西？读！

生：他们吃东西的时候，上牙和下牙交错地磨来磨去，鼻孔里冒着热气，白沫子沾在胡须上。

师：因此就站在骆驼面前看呢，仔仔细细地看着，最好看——

生：呆了！

师："我看呆了。"接着读。

生："自己的牙齿也跟着动了起来！"

师：我忘记了自己是英子了！

生："自己的牙齿也跟着动了起来！"

师：我以为我是骆驼了！

生："自己的牙齿也跟着动了起来！"

师：有意思吧！

生：有！

师：有乐趣吧！

生：有！

师：看着看着那这幅画面有没有看进你脑子里去？

生：有！

师：有的人很肯定，有的人有一点犹豫！我忘记了一个环节，允许我补上？

生：行！

师：你们允许的话，这个是很好的机会，如果不允许的话就很遗憾地错过了！我忘了还要给你们看看骆驼咀嚼的样子！看看英子学骆驼咀嚼的样子！（播放视频）看看英子是怎么学骆驼的，牙齿交错的……

生：磨来磨去！

师：不准笑，要忍住！（笑声）这个画面，有没有看进你的脑子里去？

生：有！

师：来考考你们！那样，起！（出示文章内容的填空）

生："那样丑的脸，那样长的牙，那样安静的态度！它们咀嚼的时候，上牙和下牙交错地磨来磨去，大鼻孔里冒着热气，白沫子沾在胡须上，我看呆了，自己的牙齿也动了起来！"

师：我好爱你们啊！把掌声送给自己！

师：好了，刚才我们随着有 37 票人气指数的这件事情去看了英子学骆驼咀嚼的画面，我觉得特别有趣！你说骆驼队给她带来趣味了吗？

生：带来了！

师：现在我又想起来了，昨天我们在投票的时候，有一件事情，得票数为——

生：零！

师：你们投的零，后来我一看我还没投呢！后来我给它投了一票！指哪件事情呢！

生：问去处！

师：所有的孩子都认为这件事情没给英子带来趣味是不是？

生：不是！

师：哎怎么又变了？那天投票没投它呢，看李老师一投，马上又变卦了！不可以这样，我们要去读它，我相信林海音要把这件事情写进她的文章里，一定有它的道理！它一定给英子的童年带来过乐趣。在课文中找到写这件事情的段落，邀请你们和李老师一起来读这件事情！我来做——

生：英子的妈妈。

师：我只能做英子的妈妈，你们来做——

生：英子！

师：谁来读叙述的话？请你！

生（领）："夏天来了，再不见骆驼的影子，我又问妈妈——"

生（齐）："夏天，它们到哪里去了？"

师：我听到有一个声音好像多了一个字，再来！

生（领）："夏天来了，再不见骆驼的影子，我又问妈妈——"

生（齐）："夏天，它们到哪里去？"

师："谁？"

生（齐）："骆驼呀！"

生（领）："妈妈回答不上来了，她说——"

师："总是问，总是问，你这孩子！"（掌声）

师：好，谢谢你，谢谢孩子们！这件事情当中有没有藏着乐趣呢！你读了有没有一点点感觉？

生：请大家看着"总是问，总是问，你这孩子"，这是一句带着欢乐的语言！

师：你读出了欢乐的语气！这是你的发现，谢谢你！

生：大家看到第 14 自然段，妈妈说，总是问总是问，说明英子不是只问了一遍，而是问了许多遍！

师：那我们来试想一下，早上起床的时候，英子问——

生：夏天，他们到哪里去？

师：中午吃饭的时候英子会问——

生：夏天，它们到哪里去？

师：晚上她要睡觉了，她会问妈妈——

生：夏天，它们到哪里去？

师：妈妈最后不耐烦了，说——

生：总是问总是问，你这孩子！

师：这是刚才这个孩子从这里读出了乐趣来！其实这段话里面藏着的乐趣可多了！

生：请大家看第 11 自然段，我从这个"夏天来了再不见骆驼的影子"读出来了，骆驼还给作者的童年带来乐趣，不然，作者是不会惦记它们的！所以我看出了这里也有作者的乐趣在！

师：你把手都快要伸到我这边来了，请你说。

生：大家可以看见，她问夏天它们到哪里去？冬天过完了夏天来了，过了那么长时间，英子问这句话，而且还没有准确地说出它们指的是谁？这句话就显得问得有些没头没脑的。这里可以看得出英子对骆驼十分思念，因为骆驼当时到他们家来的时候，她觉得骆驼十分有趣，样子也十分有趣，所以她才会这样惦记着骆驼。（掌声）

师：很好！李老师还想请你们关注……还有人把手伸到老师这边来的，待会儿再伸！李老师想请你们关注这段短短的话当中两个特殊的标点符号。一个是问号，还有一个什么？

生：感叹号！

师：问号有几次？

生：两次！

师：感叹号有几次？

生：两次！

师：标点符号也会表情达意的哦！它们表的情达的意肯定不一样。夏天它们到哪里去？英子在问。此时英子在想什么？

生：骆驼去哪儿了？

师：还会想什么？

生：我认为英子在想，我好想那些骆驼呀！

生：我是多么喜欢那些骆驼呀！

师：继续再往下看，第二个问号。"谁？"咦，这是谁说的话？

生：妈妈。

师：妈妈心里在想什么？

生：妈妈心里可能在想：你怎么天天都在念骆驼呀！

师：这个问号后面还有什么潜台词？

生：潜台词可能是：这孩子一天到晚都在想什么呢？怎么这么多问题啊！

师：是呀，妈妈觉得莫名其妙，孩子是在问什么呢？再来关注感叹号！"骆驼呀！"从这个感叹号你能看出，英子可能在心里想什么呢？

生：英子当时可能在想：哎呀，妈妈你怎么老是不懂我的意思呢？我都快急死了！

师：就是呀，我们来读读这句话！

生："骆驼呀！"

师："总是问，总是问，你这孩子！"这里也有个感叹号，妈妈可能在想什么？

生：这个感叹号体现了英子一天到晚都在问骆驼在哪里，把妈妈都给问烦了。

师：这就是小孩的特点，爱打破砂锅——

生：问到底。

师：最后大人被缠得烦了，就会像妈妈这样说一句——

生：总是问，总是问，你这孩子！

师：唉，大人怎么就不懂小孩的世界呢！作者写的这一件事情，你们觉得有没有意思？

生：有！

师：它是属于小孩子的趣事儿，是英子思念骆驼的趣味，把书捧起来，我们再来读一读这几句经典的对话。

生："夏天来了，再不见骆驼的影子。我又问妈妈：'夏天他们又到哪里去？''谁？''骆驼呀！'妈妈回答不上来了，她说：'总是问，总是问，你这孩子！'"

师：看来同学们很能干，我们从得票数最高的和最低的两件事情都读出来了，这些事情真的给英子带来了很多的乐趣。而另外两件事——聊驼铃、想剪毛一定也给她带来了不少乐趣，我们不可能每件事情都讲完，现在在你的小组内跟你的学习伙伴分享，你从另外两件事情中读出了哪些乐趣？

　　（学生小组合作学习）

　　师：我刚才看到孩子们都交流得特别好，你们应该也从这两件事情当中读出了童年带给英子许多乐趣。学到这里的时候，我觉得我们应该能够回答有一个同学她昨天提出来的一个问题——"为什么要把骆驼队这三个字放在题目的最后呢？"这个问题是谁提的？

　　（提问题的学生举了一下手）

　　师：这个问题提得很好。读到这里，我觉得你们应该能找到答案了。

　　生：我认为把这个标题变成一句话的话，那就是：在冬天的阳光下，童年的骆驼队又来了。

　　师：你觉得这样从语序上来讲更合适，对吗？

　　（昨天提这个问题的孩子举手）

　　师：咦，你自己提的问题你已经有了答案？

　　生：我觉得她把这三个字放在最后的原因是骆驼队给她留下了永恒的记忆，骆驼队在作者的童年当中是十分重要的，所以她要把骆驼队放在童年的后面。

　　师：这是他的理解，很好！

　　生：我认为是作者想让读者去思考她为什么喜欢骆驼队，为了让读者回味无穷！

　　师：把最重要的、压轴的放在最后面。有道理！我们班还有一位同学叫王欣悦，他还提了一个问题——"作者写骆驼队为什么会在题目前面加上'冬阳'这个词呢？"

　　生：因为整件事情就发生在冬天，冬阳就是冬天的阳光。

　　生：请同学们看着第 16 自然段，我给大家读一读："我看见冬阳下的骆驼队走过来，听见缓缓悦耳的驼铃声重临于我的心头。"这里是最后一个自然段，根据这一段，我思考了一下作者这样取题目的原因，当时发生的时间是童年的冬天，无论骆驼队来几次，作者都觉得童年不再回来了，要强调"骆驼队"才能表达她遗憾的心情。

生：我给这个同学补充一下，大家看着第 10 自然段，冬天又要完了，春天就要来了，太阳特别暖和，暖得让人想要把棉袄脱下来。我觉得之所以这样把冬阳放在第一个位置，因为它是一个时间，点明故事发生在冬日的暖阳下。

师：点明故事发生的季节，但是我觉得理解到这个程度是不够的，只是点明季节就把它放在前面了吗？

生：我想说说自己的想法，因为冬天是十分寒冷的，在冬天有暖阳的话让人感觉很温暖，我觉得作者在童年前面加冬阳这个词，是因为骆驼队在她童年的印象当中是非常温暖的。

（掌声）

师：真好！冬天的太阳带给人的是温暖的感觉，这种感觉除了身体上，对小英子来说，更多的是骆驼队带给她心灵的温暖，所以在题目当中一定要有——

生：冬阳！

师：还一定要有——

生：骆驼队！

师：这更能体现她童年的——

生：乐趣！

师：孩子们，你们都很会读书，刚才我们已解决了同学们提出的两个问题了。现在我们来看看，还有一个叫许瀚月的同学，她还提了一个问题。她说："李老师，作者写这些童年事情，她到底想表达什么情感呢？"别急着举手，翻开书快速地浏览一下课文的最后两个自然段。

（生自由读书）

师：有的同学书还没放下，手就举起来了，看来都有发现。来，我还没请过你，请你发言。

生：我觉得作者是想表达，她对自己童年的思念。

生：我认为作者想表达的是，无论过了多久，童年一旦过去就不能再回到以前。

师：你是从哪里读出来的？

生：请大家看到第 15 自然段，"秋天过去冬天又来了，骆驼队又来了，童年却一去不还了"。

师：也就是说季节可以轮回，驼队也可以再来，可是曾经的童年却——

生：再也回不来了！

师：那你觉得除了表达她对童年的怀念，还有一种什么情感在里面？

生：我觉得有一点淡淡的忧伤和遗憾。

生：林海音还告诉我们，不要虚度光阴，因为童年，一去是不会回来的。

师：体会得真好，来，我们一起来读这段话。

生："那些事情，都是在童年经历的，那是真正的欢乐，无忧无虑，不折不扣的欢乐。——林海音《城南旧事》代序言。"

师：正因为如此，所以作者才会对那些童年的往事如此——

生：怀念！

师：所以，作者才会把自己的情感全部融进她的文字中！我们一起来读一读。

生："夏天过去了，秋天过去了，冬天又来了，骆驼队又来了，童年却一去不返了，冬阳底下学骆驼咀嚼的傻事，我也不会再做了，可是我是多么想念童年住在北京城南的那些景色和人物呀，我对自己说把它们写下来吧，就这样我写了一本《城南旧事》。"

师：读到这里，我们也可以回答很多孩子都提到的一个问题了，那就是——"作者为什么要写这篇文章呢？"除了刚才所说的表达一种怀念之外，还有一个原因，什么原因？

生：林海音非常想念曾经居住过的城南的那些景物和那些人们。

生：是想通过写这篇文章告诉读者，她写《城南旧事》这本书的原因。

师：是的，作者把这篇文章放在这本书的后记里，对写这本书的原因做了一个补充说明。《城南旧事》是林海音童年的回忆，椿树胡同里的疯女人，还有悲惨死去的小玲子，还有躲在草丛里的小偷，骑着小毛驴儿离去的宋妈，因为生病离去的爸爸……这些人曾经陪伴过她，又最终都离开她而去，林海音说——

生："我想让读者分享我一点点变回童年的心情，让实际的童年过去，让心灵的童年永存。"

师：让心灵的童年永存的最好办法就是——

生：把它们写下来！

师：孩子们，在你们提出的问题当中，还有一个孩子，提了一个很耐人寻味的问题，张策勋是谁？

生：他今天生病了没来。

师：好遗憾，我好想认识他！他提的问题是——"这一篇文章的语言特别质朴，但是为什么读起来那么打动人呢？"

生：我认为作者写这个短文的语言十分质朴，可是她写的是自己亲身经历的，所以她会写得这么打动人。

生：我想做一下补充，我觉得她写的是自己的真情实感，只有自己经历过，才能写出最能打动人的文字。

师：你们的郭老师把你们教得真好，懂得这么多！其实可能还有一些原因，你们暂时没有发现，捧起书来读最后一个自然段。

生："我默默地想，慢慢地写，看见冬阳下的骆驼队走过来，又听见缓缓悦耳的驼铃声，童年重临于我的心头。"

师：这段话中有三个词结构完全一样，发现了吗？

生："默默""慢慢""缓缓"。

师：读起来有一种什么样的节奏？

生：朗朗上口。

师：除了朗朗上口之外，还有什么感觉？

生：很慢很慢的感觉。

师：请你把书捧起来再读一读。

生："我默默地想，慢慢地写，看见冬阳下的骆驼队走过来，又听见缓缓悦耳的驼铃声，童年重临于我的心头。"

　　师：课文里像这样的词语还有很多很多，总是以一种缓慢的节奏。现在再来读读题目——

　　生："冬阳·童年·骆驼队"。

　　师：有孩子问为什么要用三个词，现在明白了吧，还有一个原因就是题目也和我刚才所发现的语言的特点一样，有一种舒缓的节奏，有一种慢慢推进的镜头感，用三个词做题目在这篇文章中感觉挺好的。以后你们也可以自己试着这样去理一理自己的作文题目。我们再来看。（将文字分行排列）是我们课本中的文字吗？

　　生：是！

　　师：我们把这个句子重新进行排列，这是一篇散文，可是我们把句子这么一排之后，你发现了什么？

　　生：变成了一首诗。

　　师：来读读诗句。

　　生："我默默地想，

　　慢慢地写，

　　又看见冬阳下的骆驼队走过来，

　　又听见缓缓悦耳的驼铃声，

　　童年重临于我的心头。"

　　师：像这样的句子这篇课文当中也有好多，所以林海音用质朴的语言，讲童年平凡的小事，写来却打动人心，这就是林海音语言的风格，像骆驼队一样缓缓地前行，有着像诗歌一样的舒缓的语调，又有一片宁静的感觉，让你在读的时候不急不慢，浅白的文字当中背后却隐藏浓厚的——

　　生：怀念！

　　师：隐藏着她不易被人察觉的——

　　生：淡淡的忧伤！

　　师：她的这种语言风格一直延续到了《城南旧事》这本书中，

所以无论从文字还是从内容来说，《城南旧事》都是一本值得一读的好书！我把这本书送给你们，有孩子下来想去读读这本书吗？

（全体学生举手）

师：谢谢你们，这节课我们就上到这里，下课！

学生的需求在哪里，老师就在哪里
——《冬阳·童年·骆驼队》之阅读教学思考

这是一次挑战自我的散文教学之旅。

在接到执教2015海峡两岸及港澳地区小学语文教学研讨活动高段散文教学的任务之际，我毫不犹豫地选择了人教版教材五年级下册的《冬阳·童年·骆驼队》一课。

《冬阳·童年·骆驼队》是林海音的小说《城南旧事》的后记。作者以朴实纯真的笔调、梦境般的语言，把我们带进一个特定的环境，去感受一个孩子童年的心路历程。她以近乎白描的笔法，介绍了骆驼队带给自己的生活情趣，忍辱负重但却沉着包容的骆驼默默咀嚼，千里沙海走驼铃的"丁丁当当"，奇思妙想盘算着给骆驼美容，好奇地询问驼队的归期……一段段文字娓娓道来，一个个珍贵的镜头依次呈现，带给人沉静、期待、憧憬和天真烂漫的怀想，其景其情既诗意朦胧，魂牵梦萦，又格外自然清新。作者随性运笔，以一己之情感，唤起广大读者对童年的依恋和思念，文字随缘，反复咀嚼后妙不可言。

我第一次阅读《城南旧事》时年纪尚小，但当我读到"爸爸的花儿落了"时，眼泪竟然也悄然滑落，那是第一部令我落泪的书籍，记忆无比深刻。所以，当我选定这篇课文后，心中涌动着太多的情愫，觉得自己有很多的东西想告诉学生，关于林海音，关于《城南旧事》……

一、课前困惑之散文教学教什么？

精心设计教案，开始试讲。一遍，两遍，伙伴们告诉我，好美的课堂，好美的语言。三遍，四遍过后，亲友团也告诉我，这样可以了。但是，翻看课堂录像，我总是觉得不满意。脑海里一直萦绕着陈先云、郑宇两位老师的提点：这次海峡两岸及港、澳地区四地的教学交流活动，为什么要从文体的角度选择课文？散文的特点是什么？目标怎么定位？怎么教好散文？

问题出在哪？

反复看录像，顿悟！课堂是很美，教师的语言也很美，但这一切仿佛只是在圆我的一个情结。课堂上，看到的是老师的激情，展示的是老师的风采，而不是学生的精彩！王荣生教授反复说："把对特殊句子的诵读转化成对作者个性化情思的感受，这是散文教学的核心标志。"读散文的关键是体味精准的言语表达，体认作者的个性化情思，也就是老师们常说的"品位语言""揣摩语言"。散文的语言就像水，是不能切割的，不能把语言和思想内容剥离开。语言就像橘子皮那样，不能从果肉内容上剥下来。作者的人生经验，通过精准的言语表达，也存活于这些言语中。唯有通过对言语的体味，我们才能把握作者的独特经验，才能感受、体认、分享散文所传达的丰富细腻的人生体验。

课堂上，老师为什么要去反复教学生懂了的问题？学生真正的需求在哪里？学生想讨论的问题在哪里？学生不明白的问题在哪里？老师的作用不是告诉学生问题的答案，老师的意义在于引导学生学会发现问题，然后去解决问题。

上课的前一天，我对我的亲友团说，我要重新定义我的课堂，我要把课堂还给学生，让他们真正成为课堂的主人。于是，在执教第一课时快下课时，我给学生留了 10 分钟的时间，让他们静静地思考，通过第一课时的学习，还有哪些想要了解的问题，写在便利贴上，这，便是我第二天的教学内容。

下课后，回到酒店，整理学生的问题，大致集中在以下几个方面：指向内容的；指向题目的；指向表达方式的；指向骆驼生活习性和作者当时生活环境的。

最有意思的是，在票选"作者描写的 4 件童年趣事中，你觉得最有趣的是哪件"时，全班 46 个同学，有 37 位选择了"学骆驼咀嚼"，有 0 个同学选择了"问骆驼去处"。

看到学生提出的问题，我暗自庆幸，幸好没有按照自己一厢情愿的预设，和他们一起讨论这篇美好的散文。

我决定，明天的课堂上，就去解决学生的这些问题。于是，有了如下教学目标：

（1）理解内容，体会文本抒发的"貌似平淡但却浓郁"的童年情味。

（2）品词析句，揣摩文本"貌似浅白却又隽永深沉"的叙述笔法。

（3）有感情地朗读课文，自由选择背诵相关语段。

在解决这些带有共性的问题的时候，顺带也解决了个别同学的问题。还有一些同学的问题，诸如"骆驼究竟能活多久？骆驼一顿能吃多少东西？"等，此类问题留待学生课后自行查找相关资料，何乐而不为呢？

二、课中实践之散文教学怎么教？

散文阅读，其要领可以归结为一句话：体味精准的言语表达，分享作者在日常生活中感悟的人生经验。分享首先要区分人我，不能用读者自己的既成经验，去过滤、同化甚至顶替散文中作者的经验。我们无法占有作者的人生经验，但我们要通过作品中作者的语言，体认她那种独特的心肠、幽微的情怀。请注意，"体认"一词，就是体会并认识到，而不是感同身受。

这节课解决的是学生的问题，并不代表老师没有预设。相反，我的脑海里，已经储备了太多作者、文本、文本以外的东西，只是它们都静静地躺在我的脑海里，等待在课堂上被学生激活。我也不知道学生需要哪些东西，我更不知道他们对作者的体认是否和我有共鸣，但我做好了足够的准备，足够到可以让我信手拈来，只是，我没有形成传统意义上的教案，我以不变应万变。

1. 从学生最感兴趣的内容体认情感

首先，我从绝大多数学生最感兴趣的"学骆驼咀嚼"这件事情入手，带领他们体味作者精准的言语表达，体认童年的"我"此刻独特的内心感受。

课堂教学片段一：学咀嚼

我们来看看这节课五 4 班第一问，刘芮彤等同学提出的问题：骆驼队究竟给作者带来哪些乐趣？

昨天我们统计了一下，人气指数最高的是"学咀嚼"这件事情，一共有 37 位同学投了它的票。我们就从这件事入手，或许可以找到一些问题的答案。

翻到课文第 4 自然段，请 37 位同学为大家读读这段。

谢谢你们的朗读！谁来说说，你从这段的哪些地方读出了小英子的乐趣？

比较句子：（1）那样丑的脸，那样长的牙，那样安静的态度。

（2）那样丑的脸，长的牙，安静的态度。

这两个句子，读起来有什么区别？

出示 PPT 图片骆驼脸图：用你的语言描述：怎样丑的脸？怎样长的牙？

谁来读读第一句话？我们大家像他这样读读。

这样丑的骆驼，英子嫌弃吗？

你还从哪里读出了英子的乐趣？

出示句子："它们咀嚼的时候，上牙和下牙交错地磨来磨去，大鼻孔里冒着热气，白沫子沾在胡须上。"

这句话中有两个动作英子觉得特别有趣，找出来。（"交错""磨来磨去"）

　　你们做给我看看。

　　你们再做给我看看，小狗怎么吃东西？小猫怎么吃东西？小鸭怎么吃东西？你怎么吃东西？骆驼怎么吃东西的？这太有趣了！一起读这句话。

　　你们想不想看看英子怎么学骆驼咀嚼的？（看视频，提醒关注"交错地磨来磨去"）

　　看着看着，骆驼咀嚼的画面仿佛也看进了我们的脑海里，来，挑战一下自己，看看能不能借助提示背诵这段课文。

　　在这一环节，我巧妙地抓住描写骆驼外貌的句子，抓住描写英子学骆驼咀嚼的句子，带领学生细腻地品读。从作者富有个性的语言中感受作者的情绪，体认作者的情思，分享作者的独特经验，体味这些语句所传达出来的丰富的情感。课堂上，学生是那么投入，他们学骆驼咀嚼，描述骆驼丑丑的外貌，他们忍不住哈哈大笑，忍不住侃侃而谈。他们从"那样……那样……那样""交错地磨来磨去""看呆了"等词句中充分地体认了独属于作者的那份童年乐趣，体认了骆驼队带给童年作者的独特的欢乐。在那样的年纪，在那样的年代，小英子傻傻地学骆驼咀嚼的画面在学生的眼前活了起来，而这样的画面是"作者当下的心境"，离开那个特定的环境，连现在的作者都说"太阳底下学骆驼咀嚼的傻事，我也不会再做了"。

　　2. 从学生最不感兴趣的地方体认情怀

　　课堂上抓住学生感兴趣的内容学习固然重要，然而，很多时候学生容易忽略或是不感兴趣的内容，恰恰正是需要他们细细体会之后才会有所感悟的地方。在重庆参加海峡两岸及港澳地区的活动前，台湾的吴敏而老师到访成都，在成都举行了一场专题讲座。她说的一句话深深地触动了我："我们在课堂上教什么？学生都知道的事情，为什么老师还要一直教？学生对课文中有些地方是不爱看的，我们要让学生看那些他们不爱看的地方，他们省去的地方，就要告诉他们，这一块其实也是很有意思的。他们原来认为没有意思的地方，觉得好像是一个可有可无的地方，通过你的教学，认识到其实这一部分和写骆驼咀嚼的部分一样有意思，也是童年趣事的一部分。"

　　在第一课时进行的投票选举中，全班学生没有一个对"问骆驼去处"这件事感兴趣，他们觉得这件事一点都不好玩，这符合学生的认知规律，需要老师在课堂上引领他们走进文本，揣摩语言文字背后隐藏的情感，这才是老师在课堂上应该扮演的角色——既是学生学习的伙伴，亦是他们的导师，一定要引领他们多学一点点，一定要让他们在课堂上有成长，帮助他们每个个体都实现三维目标的顺利达成。

　　课堂教学片段二：问去处

　　昨天投票的时候，有件事情的得票率竟然为 0，是哪件事情？（问骆驼去处）

　　我觉得吧，林海音这么了不起的一位作家，不可能无缘无故写这件事情，她写出来，一定有她的道理。这件事情究竟给英子带来了怎样的乐趣呢？看来，我们得一起好好研究一下。如果你能从这件看似无趣的事情中读出某些属于英子独有的趣味来，那可就太了不起了。

　　老师想邀请你们和我一起分角色读读这部分课文。我做妈妈，你们做英子，请个同学读叙述的话。

　　你们有没有找到一点感觉？英子有什么乐趣？

　　我请大家关注一下这部分的标点符号，标点符号也会表情达意哦！有两个问号，两个感叹号。

　　第一个问号在哪里？英子此刻心里肯定在想……读出英子的这种想法。

　　第二个问号：妈妈此刻心里一定在想……读出妈妈的这种

心思。

第一个感叹号：此刻英子一定在想……她对妈妈的回答有多么失望呀！多么着急呀！读出来！

第二个感叹号：英子早上起床的时候，会问妈妈……中午吃饭的时候，会问妈妈……晚上睡觉之前会问妈妈……所以妈妈说……

小结：原来思念骆驼队也是英子的一种乐趣！小孩子心中的想法总是那么特别，和大人永远不在一个频道上，这真是小孩的世界，大人永远无法懂啊！

就在这样的不经意间，学生品出了作者的语言精妙之处，大家从所有人最不感兴趣的事情中，竟然读出了如此多的乐趣来，学生对作者童年生活的体认更加深刻。

3. 从学生困惑之处发现"这一篇"散文独特之妙

散文教学教什么？散文教学还要把"这一篇"课文的独特之处教出来。一篇课文的独特之处，就是其文本体式所蕴含的个性特征。所以，语文老师在备课时，确定教学的一种思路可以是化"类"为"体"，即从一篇课文作为类的共性特征层面出发，通过文本细读，探寻这篇课文作为独特的"这一个"在大的文类参照下，文本个体所具有的独特之处。

（1）发现作者多元情感

回忆性散文一般有两个"我"，一个是"当时的我"，一个是现在的"我"。"当时的我"是欢乐的，无忧无虑的，这种情感学生已经对 4 件事情关键词句的品读有深切的体会。但仅仅体认到这种情感是远远不够的，这篇课文是小说《城南旧事》的后记，它淡淡追忆的基调和《城南旧事》一书满含怀旧的情感严密契合。课堂上，我带领学生从最后 2 段的细读中，读出了"现在的我"面对童年的多元情感。

课堂教学片段三

原来，在英子的童年记忆中，在冬阳底下学骆驼咀嚼，那是真正的快乐；和爸爸聊骆驼的铃铛，那是无忧无虑的快乐；在冬阳下看骆驼剪毛，那是不折不扣的快乐；想念骆驼的时候问妈妈骆驼的去处，那是属于英子一个人的独一无二的快乐。就像林海音所说（出示句子齐读）："那些事情都是在童年经历的，那是真正的欢乐，无忧无虑，不折不扣的欢乐。"

童年时光，温暖的冬阳下，与骆驼队的短暂交往，因为作者的独特语言而变成了永恒。许瀚月等同学问：作者写这些事情，想表达什么情感呢？自由读课文最后两段话，相信你一定会有所感悟。

根据学生的回答写板书：怀念、回味、淡淡的感伤……

（2）发现课题独特之处

这篇课文的课题非常特别，由"冬阳""童年""骆驼队"三个词语组成，在第一课时，学生就对这种课题呈现形式充满了新鲜和好奇之感。针对课题，他们提出了好几个极具思考力的问题，我没有急于解决以下两个问题，而是等学生体认了作者对童年往事的多元情感之后，再让他们来讨论这两个指向课题的问题。

课堂教学片段四

书声琅琅，情意绵绵，和小英子一起回归童年的感觉真好！学到这里，谁能回答夏德智等同学提出的问题：为什么课题中"骆驼队"这个词要放在最后？

王星予等同学问：课文中出现"冬阳"的地方不多，为什么要把"冬阳"这个词放在题目中？而且还要放在前面呢？

有了前面对关键词句的深入品味，学生此刻对课题的认识和理解十分精彩深入，他们竟然可以认识到冬阳带来的不仅是身体的温暖，更多的是心灵的温暖，他们竟然可以从简单的三个词语中看出：季节可以轮回，骆驼队可以再来，可曾经的童年却再也回不去了，但它却常驻心头，从未走远。

（3）发现语言质朴之美

学生对于言语表达，常常是知道说了什么，但是不知道这样说的精妙，教师就要帮忙去解释，让学生也能够感受到言语的精妙。这篇课文从头到尾围绕着骆驼队展开对童年生活的追忆，语言朴实，读来亲切自然，有着独特的魅力。这种魅力学生很难说清道明，需要老师的点拨和引领。

　　课堂教学片段五

现在，我们来研究张策勋、杨紫涵同学提出的又一个问题：为什么课文的语言十分质朴，却十分打动人呢？

刚才我们读的最后一段话中，你们有没有发现三个结构完全一样的词？（"默默""慢慢""缓缓"）你读出了怎样的节奏？（表面缓缓的，淡淡的，柔柔的，其实是淡而浓，哀而不伤，直白而含蓄，教师轻轻、缓缓、慢慢发表旁白以激情引读）。

现在我们再来变一变，把课文最后一段话的句子（我默默地想，慢慢地写。看见冬阳下的骆驼队走过来，又听见缓缓悦耳的驼铃声，童年重临于我的心头。）变成这样的排列方式后，我们再一起来读一读：

我默默地想，

慢慢地写。

看见冬阳下的骆驼队走过来，

又听见缓缓悦耳的驼铃声，

童年重临于我的心头。

你们有什么发现？

明明是散文的句子，却变成了一句句诗句。课文中像这样的句子还有很多，你把它们找出来，读一读。

这就是林海音文字的味道，一种委婉的诗意，一片宁静的感觉，如骆驼队一般，缓缓而行，娓娓道来，质朴浅白的文字背后，却包含浓烈的情感。这种文笔风格不仅体现在这篇文章中，而且一直延续到了《城南旧事》这本书中。所以，无论是文字还是内容，《城南旧事》都是值得一读的一本书。

　　这节课我们就上到这里，有兴趣的同学可以去读读《城南旧事》这本书和书的后记，这篇文章选作课文时有改动，你正好可以去读读原文。

就这样，追随学生的问题需求，我和重庆谢家湾小学五四班的同学们，度过了一段美好时光。站在教室门口和坐在教室前方听课的老师说，课堂上，学生的眼睛是亮的，学生想表达的欲望是如此强烈，他们高高举起的小手恨不得伸到老师的眼皮底下去。是啊！学生怎能不投入呢？因为，这些问题都是他们最想知晓的，这个课堂是属于他们自己的，难怪在随后的报道中，有媒体这样写道："成都的李海容老师用诗一样的语言，在看似随意的穿针引线中，从学生感兴趣的内容入手，到题目蕴含的诗意，再到对写作特点的品味，语言风格的赏析，都体现了学生的需求在何处，老师就在那里。"

【名家点评】

儿童的课堂 诗意的课堂
——评李海容老师执教的《冬阳·童年·骆驼队》

四川省教育科学研究院 许双全

　　《冬阳·童年·骆驼队》是小说《城南旧事》的后记。作者林海音以诗意的笔触描绘了学骆驼咀嚼、聊骆驼铃铛、看骆驼脱毛、问骆驼去处等 4 幅场景，表达了对童年往事的思念之情，质朴、纯真的语言背后，蕴藏着作者对童年生活的深深怀念。李海容老师紧紧抓住课文的重点和难点，以生为本，以疑为线，以品味作者深沉的情感和独特的表达为主旨，引导学生在自主、合作、探究式的学习中，细细品味文本独特的语言魅力，深切感悟文字背后那一缕缕温情的眷念。

一、以疑为线，提升学力

　　培养学生思维创新能力最有效的手段就是培养学生质疑能力。李老师第一课时对文本脉络进行梳理后，引导学生针对课文的情味与表达等提出个性化质疑，记录在便利贴上。课后，老师对学生的质疑进行了精心的整理。第二课时将有代表性的问题归类粘贴于黑板，借助学生质疑推动课堂进程。

　　在对文章的主体内容深入学习后，老师再次抛出孩子们的一些有价值的问题：课题中为什么要有冬阳？作者想表达什么感情？林海音为什么要写这篇文章？为什么本文语言质朴，却这么打动人？……每一个质疑提出来，均由学生自主讨论、交流，在大家个性化的解读中，一个个问题迎刃而解。

"学贵有疑，小疑则小进，大疑则大进。"李老师以温和朴实的语态，循循善诱地引导学生析疑解难，并以学生的质疑问难贯穿课堂教学始终，从根本上消除了学生等待教师传授知识的依赖心理，变被动吸收为主动探索，极大地激发了学生的主体作用，取得了显著的教学效能。

二、以生为本，尊重儿童

在学习品味 4 件事情时，老师充分尊重学生学习自主性。"我们给这 4 件事投过票，大家觉得'学骆驼咀嚼'最有趣，得了 37 票，咱们就从大家最喜欢的事情学起吧！"在尊重儿童意愿的基础上，选择他们最感兴趣的内容作为学习的起点，让他们在课堂的学习变得主动而积极。"还有一件事，竟然得了 0 票！老师觉得很奇怪，难道这件事就一点趣味也没有吗？咱们一起来看看'问骆驼去处'。"接着，海容老师带着孩子们想象对话时的画面，品味妈妈的语言"谁""总是问，总是问"，以及对话中的两个问号与两个感叹号等标点背后的内涵。学习之初孩子们认为一点趣味也没有的事情，最后竟然品出了浓浓的童趣。这一环节犹如神来之笔！

儿童永远是我们课堂应该尊崇的对象，从儿童的原有认知出发组织教学这是对儿童最大的尊重。除此以外，海容老师在课堂上每一处激励性的评价、每一次期待的眼神、每一次亲切的交流，都时时体现着教者眼里有儿童，心中有儿童：

"老师好像还没有请过你，这次发言的机会就给你吧！"

"没读好，不着急。想想这里表达的情感，放慢语速再读一读。"

"我看到你终于第一次举起了手，一定要听听你的意见！"

尊重，点燃了孩子的热情，激活了学生的思维，课堂洋溢出浓浓的童真童趣。

三、以文激语，珍视语文

林海音的文字是一节节温婉的诗。李海容老师很好地关注到了这一点。在品味"学骆驼咀嚼"这件事时，重点关注句子"那样丑的脸，那样长的牙，那样安静的态度"。为了让孩子们感受到句中节奏美，老师用另一个句子与之对比："那样丑的脸，长的牙，安静的态度。"你更喜欢哪个句子？孩子们在品读感悟后都认为第一个句子读来更觉深刻，更加感受到了骆驼那种丑丑的却又乖乖的别样情味。

在感受"为什么文本语言质朴却又是那么打动人"时，孩子们通过自主阅读，都顺利感受到作者写的是自己亲身经历的事情，表达了自己的真情实感，所以动人。老师此时起到了很好的引领和点拨作用："最后一个自然段里，有几个形式完全一样的词语，你能找出来吗？"学生立即找出："默默""慢慢""缓缓"。读了这几个词语，你有什么感觉呢？孩子们细读后感受到这些词语给人一种安静、缓慢之感，甚至有的学生读出了淡淡的感伤。顺势而为，老师将最后一段排列成如下形式：

我默默地想，
慢慢地写，
又看见冬阳下的骆驼队走过来，
又听见缓缓悦耳的驼铃声，
童年重临于我的心头。

此时的文本，已在学生的心里幻化成了宁静美丽而又略带感伤的诗行。

海音女士的文字是一首淡雅的诗，书中的一切都是那样有条不紊：缓缓的流水、缓缓的驼队、缓缓而过的人群、缓缓而逝的岁月……海容老师的课亦是一首淡雅的诗，课中的一切都是那样富有诗意：淡淡的微笑、轻轻的交流、静静的品读。

《狐假虎威》全课时教学设计
——统编版教材小学语文二年级下册

我的思考：做创新使用教材的有心人

这是统编教材实施以来，我设计的一节随堂课。

新课程改革以来，我们已经熟悉了一系列有别于传统教学的新理念，其中有几个关于教材的理念记忆犹新，诸如"用教材教，而不是教教材""教材不是法典，要创新使用教材"，等等。

使用好新教材，必然是统编教材实施以来，语文教师应持的基本态度。

然而，怎样才算"使用好"？

我以为，首先要真正研读教材，发现教材中蕴藏的"教学价值"，并进而将其上升为课堂教学活动中的"教学内容"；其次是基于课文文本的独特性，将教材丰富的内容，升华为基于学生年龄特征的学习活动历程，让学生通过生理运动，内化为心智性生命成长，这就牵涉到教材生命的活化。

基于这样的思考，我在设计本课时，在认真研读教材、提取教材所赋予的教学价值基础上，为活化教材生命，符合儿童年段特征的兴趣，灵活处理教材，并最终将课文改编为剧本。让学生两课时学习之后，可以自行排演。

【教学设计】

教材分析：

这是一个成语故事，讲的是一只狡猾的狐狸被老虎逮住后，欺骗老虎，说自己是老天派来管百兽的，结果借着老虎的威风吓跑了百兽的故事。人们后来常用"狐假虎威"比喻那些借着别人的威势欺压人的人。

课文抓住狐狸的狡猾和老虎的愚蠢的特点，通过语言、神态、动作及心理的描写，使形象鲜明生动。

第1自然段交代了故事发生的地点及原因。"窜""扑""抓"几个动词，把狐狸遇见老虎想逃命却被老虎抓住的过程交代得十分清楚、具体。

第2至7自然段写狐狸用计骗老虎的过程。

第2自然段是对狐狸的神态、语言的传神描写。"眼珠子骨碌一转"，说明狐狸很快就想出了对付老虎的办法，足见它的狡猾。"扯着嗓子"表现了狐狸的虚张声势。"你敢吃我？"是一个问句，既有反问的意思，也有恐吓的味道，让老虎听了摸不着头脑。

第3自然段"为什么不敢？"这句话充分表现出老虎的惊讶和不解，"一愣"说明狐狸的诡计初步得逞，老虎真的被它骗住了。

第4自然段是狐狸告诉老虎不能吃它的原因。老天爷是天地万物之首，哪怕是森林之王老虎也不敢轻易得罪，狐狸把老天爷搬出来吓唬老虎，其狡猾可见一斑。老虎"松开了爪子"，就更说明狐狸的诡计得逞了。

第6自然段讲狐狸提出要带老虎到百兽面前走一趟，再次体现了狐狸的狡猾。老虎虽然被蒙住，松开了爪子，但狐狸现在还不能逃跑，一跑，前面的谎言一下就会露馅，老虎会重新抓住它，它必须想出一个可以让自己安全逃命的办法。

第7自然段采用对比的手法，鲜活地表现出狐狸的得意与傲慢、老虎的半信与半疑。

第8自然段写百兽看到狐狸和老虎后吓得赶紧逃命。"大摇大摆"表现出狐狸骗术高超，"纳闷"说明了百兽看到与平日大相径庭的狐狸时感到十分奇怪。

最后一个自然段讲的是故事的结局，也是对课题的解释。

课前预习：

1. 借助拼音自读课文三遍，做到正确、流利，遇到不理解的字，可以查查字典或请教别人。

2. 自学生字词，读准字音，看清字形，同桌进行认读、检查。

教学目标：

1. 认识"假、威"等 17 个生字，会写"食、爪"等 8 个生字。

2. 正确、流利、有感情地朗读课文。分角色表演课文，把"神气活现、摇头摆尾、半信半疑、东张西望、大摇大摆"几个词语的意思表现出来。

3. 认识狐狸的狡猾和老虎的愚蠢，理解"狐假虎威"的意思。

教学重点：

正确、流利、有感情地朗读课文，理解重点词语和成语的意思。

第一课时

一、揭示课题

1. 板书课题：《狐假虎威》，领读课题。让学生说说"狐"指的是谁，"虎"指的是谁。借助拼音认识"假"。

2. 请学生试着推测一下：根据题目，课文会讲一个什么故事？

3. 教师范读课文，学生边听边思考：文中哪句话就是题目"狐假虎威"的意思？用横线画出来。

4. 学生交流画出的句子，全班齐读句子："狐狸是借着老虎的威风把百兽吓跑了。"理解题目中的"假"就是"借着"的意思。

二、初读课文，认读生字词

1. 借助拼音出声朗读课文，要求读准字音，读通句子。画出生字带出的词语，联系上下文或生活实际尝试理解词语的意思。

2. 学习生字词。

（1）PPT 出示生字，这些生字是我们读书的拦路虎，要想能正确、流利、有感情地朗读课文，就要先和它们交上朋友。

① 请小朋友自己读读生字，你觉得难读的字可以看着拼音读几遍。

② 交流：你觉得哪个字难读？（指名读）重点提醒学生注意"扯、兽、爪"是翘舌音，"闷、窜、胆"是前鼻韵母，"趟、抗"是后鼻韵母，"蒙住"的"蒙"读 mēng 不读 méng。

③ PPT 出示：纳闷（mèn）　骨碌一转（zhuàn）

闷（mēn）热　转（zhuǎn）身

去掉拼音读一读，同桌互相读一读，听一听。开火车读。

（2）出示生字组成的词语卡片，自由练读、抢读：威风、胆子、吓跑、寻找、爪子、借着、违抗、窜过、一趟、狡猾、百兽。

3. 读通课文。

（1）再读读课文，觉得哪句话难读，就把这句话多读几遍，直到读通顺了，再接着往下读。

（2）指名汇报练读的效果。

（3）采用老师范读、学生示范、个别练习等多种形式练习朗读，直到把课文难读的句子读通为止。

重点指导读通顺以下几个句子：

① 老天爷派我来管你们百兽，你吃了我，就是违抗了老天爷的命令。我看你有多大的胆子！

② 狐狸神气活现，摇头摆尾；老虎半信半疑，东张西望。

③ 森林里的野猪啦，小鹿啦，兔子啦，看见狐狸大摇大摆地走过来，跟往常很不一样，都很纳闷。

4. 再读课文。

（1）自己放声朗读一遍课文，注意把句子读通顺。

（2）分四人小组，每个小朋友选择自己读得最通顺的两个自然段，读给同组小朋友听。

（3）开火车分段读课文。

（4）整体感知：课文讲了一个什么故事？

三、学生观察生字，相互交流记住生字的办法

四、指导写 4 个会写的字：食、爷、命、爪

1. 先观察这几个字都是什么结构。

2. 认真读帖，看看它们在田字格中各部件是怎么占位的。

3. 教师边示范写，学生边描红，掌握每个字的正确书写要诀。

4. 学生抄写生字，教师巡回指导。

5. 全班交流评价。

第二课时

一、复习

1. 开火车读课后生字带出的词语词卡。

2. 课文讲了一个什么故事？

二、学习课文

（一）学习第 1 自然段，讨论狐狸是怎么碰到老虎的。

1. 指名读第 1 自然段。

2. 指导观察第 102 页的插图，说说"茂密的森林"是什么样的。再说说从这段中看出老虎和狐狸谁厉害，从哪些词看出来的。（窜：逃窜。窜说明狐狸是很害怕老虎的，想赶快逃命。"扑"说明老虎的动作迅速而且凶猛）

3. 指导朗读第 1 自然段，几个动词读得稍重一些，第一句语气平缓，表现老虎百兽之王的气势。第二句和第三句的语速要稍

快，表现出狐狸急于逃命的紧张场景。

（二）学习课文第 2 至第 5 自然段，理解狐狸的狡猾和老虎的愚蠢。

1. 指名读第 2 至第 5 自然段，边听边思考：从哪些地方可以看出狐狸很狡猾？

重点讨论以下句子：

狐狸眼珠子骨碌一转，扯着嗓子问老虎："你敢吃我？"

先让学生讨论一下"你敢吃我？"这句话究竟是什么意思。猜一猜，狐狸眼珠子骨碌一转可能在想些什么？狐狸为什么要扯嗓子说话？再让学生学学狐狸"眼珠子骨碌一转"的样子。

"为什么不敢？"老虎一愣。

指名学生一边读这句话，一边做一做老虎此时的动作。

猜猜老虎现在心里可能在想什么。

师生合作读狐狸和老虎的第一次对话。

老天爷派我来管理你们百兽，你吃了我，就是违抗了老天爷的命令。我看你有多大的胆子！

先让学生自读这句话，想想从哪里可以看出狐狸很狡猾，注意关注句子末尾的标点符号感叹号，再联系课文前面的内容和现在狐狸说的话想一想，狐狸说这两句话的时候，有什么样的表情、什么样的语气、什么样的动作，然后指导学生有感情地朗读这段话。在熟读的基础上，让学生表演这段话。

老虎被蒙住了，松开了爪子。

"蒙"换一个词说说它的意思。让学生猜猜看老虎现在心里又是怎么想的。

师生合作表演读第 4、第 5 自然段。

板书并理解"半信半疑"的意思。

分角色朗读第 2 至第 5 自然段。

小结：狡猾的狐狸把老虎给蒙住了。

（三）学习第 6 至第 8 自然段。

1. 思考：看到老虎松开了爪子，狐狸心里怎么想的？又是怎么做的呢？

"狐狸摇了摇尾巴，说：'我带你到百兽面前去走一趟，让你看看我的威风。'"

2. 质疑：看到狐狸的做法，你有没有什么疑问？（老虎已经松开了爪子，狐狸为什么不赶快逃走呢？如果学生能提出，就围绕学生的问题展开讨论；如果不能提出，就由老师提出来讨论）

3. 结合课文第 103 页的插图，玩给词语找朋友的游戏。

（PPT 出示词语：神气活现、摇头摆尾、大摇大摆、半信半疑、东张西望）

这些词语哪些是写狐狸的？哪些是写老虎的？根据学生分类，把词语分别移到 PPT 上狐狸和老虎的旁边。

4. 指名读描写狐狸的词，边读边做动作。其他同学评议做得像不像，再齐读，全班学做动作。

5. 指名读描写老虎的词，边读边做动作。其他同学评议做得像不像，再齐读，做动作。

6. 全班齐读第 7 自然段。

7. 指名读第 8 自然段。思考：森林中的百兽看到这样的狐狸和老虎，有些什么反应？

（1）想象一下，"往常"的狐狸是怎么走路的？今天的狐狸是怎么走路的？可让学生学学狐狸走路姿势的变化。

（2）理解"纳闷"这个词。

推测：野猪心里会怎么想？小鹿心里会怎么想？兔子心里会怎么想？

出示词卡，这就叫作：纳闷。

（3）出示句子，比较哪一句写得好，说说理由。

① A. 森林里的野猪啦，小鹿啦，兔子啦，看见狐狸大摇大摆地走过来，跟往常很不一样，都很纳闷。

B. 森林里的野猪，小鹿，兔子，看见狐狸大摇大摆地走过来，跟往常很不一样，都很纳闷。

② A. 再往狐狸身后一看，呀，一只大老虎！

B. 再往狐狸身后一看，一只大老虎！

8. 大大小小的野兽吓得撒腿就跑。看到这样的情景，老虎心里怎么想的？狐狸心里又是怎么想的？

9. 请两个小朋友上台表演第 7、第 8 自然段，另外一个小朋友朗读第 7、第 8 自然段，其他同学当观众，评一评谁演得更像。

10. 小结：谁来告诉老虎真相？

（四）学习第 9 自然段。

1. 齐读课文最后一个自然段，这句话概括成一个成语就是"狐假虎威"。

2. 用自己的话说说"狐假虎威"这个成语的意思。

3. 小结：后来人们就把借着别人的势力吓唬别人的这种行为叫作"狐假虎威"。

4. 讨论：你觉得"狐假虎威"是说一个人的行为好还是不好？

5. 说一说：你有没有见过"狐假虎威"这样的事情？

三、总结全文

1. PPT 出示：我认为这是一只（　　　）的狐狸，这是一只（　　　）的老虎。将你的看法在小组交流交流。

2. 全班交流，达成共识：这是一只狡猾的狐狸，这是一只傻傻的老虎。

3. 和同桌一起，分角色朗读课文，记得一边读一边做动作。

四、指导写字："眼、神、物、活"

1. 先观察这几个字都是什么结构。

2. 认真读帖，看看它们在田字格中各部件是怎么占位的。

3. 教师边示范写，学生边描红，掌握每个字的正确书写要诀。

4. 学生抄写生字，教师巡回指导。

5. 全班交流评价。

附：

《狐假虎威》课本剧剧本

【时间】夏日午后
【地点】森林深处
【人物】老虎、狐狸、小猪、兔子、小鹿、小松鼠、小猴、斑马
【舞台】错落有致地放着绿植、假山，舞台深处有一高台当作小山
【第一场：相遇】
（音乐：《森林狂想曲》，老虎随着音乐上场）
老虎：（自言自语）这些天，森林里最近有一个传闻，说是有一种动物比我神威老虎大将军还要厉害，哼哼，我倒是想要见识见识到底是什么动物比我还厉害！不过在这之前，我得把肚子填饱，今天真不走运，一只飞鸟都没见到，肚子已经咕咕叫，我躲起来，看看有什么倒霉的小家伙路过。（说完躲在小山后面，狐狸上场）
狐狸：（蹦蹦跳跳上场）一二三四五，上山打老虎，老虎不在家，碰见小松鼠，松鼠有几只，一二三四五。
（此时，老虎悄悄从小山后绕出，扑上去一把逮住了狐狸）
老虎：（兴高采烈地）哈哈！你还想上山打老虎！快来填饱我的肚子吧！
狐狸：（狐狸吓得一哆嗦，眼珠一骨碌，很快镇静下来，扯着嗓子）怎么，你还敢吃我？
老虎：怎么不敢？你不就是一只小小的狐狸吗？我就是要吃了你！（张开了大口准备吃掉狐狸）
狐狸：（扯着嗓子大喊）慢着！你好大的胆子！我可是老天爷

派来管理百兽的，你吃了我，就不怕老天爷责罚你吗？你是多大的胆子？敢违抗老天爷？

老虎：（愣住）什么？管理百兽？难道你就是传说中的那个神秘使者？（松开了爪子）

狐狸：怎么？不信？要不然我带你到百兽面前去走一趟？也让你见识见识我的威风！（得意洋洋地摇着尾巴）

老虎：（半信半疑）哼！走就走，我倒要看看，你说的是真还是假！

（伴奏音乐起）

【第二场：谁的威风】

狐狸：（摇头摆尾，大摇大摆）我，神气活现地走在老虎的前面！

老虎：（东张西望）我，半信半疑跟在狐狸的后面！

狐狸：（小声地对观众说）我要借老虎的威风吓跑百兽！

老虎：（大声地对观众说）我要看看他到底有多厉害！

（小猪、兔子、小鹿、小松鼠等动物蹦跳着上场，追追赶赶）

兔子：奇怪奇怪真奇怪！狐狸今天怎么跟往常不一样？

小鹿：对呀，他往常走路不都是贼头贼脑的吗？

松鼠：呀！快看！狐狸后面那是谁？

小猪：呀！一只大老虎！

众人：快跑！快跑！快快跑！（小动物撒腿就跑，四处逃散，下场）

狐狸：（转过头对老虎，得意洋洋地说）看到了吗？动物们见了我吓得撒腿就跑，这下你相信了吧？

老虎：（毕恭毕敬拱手）相信相信，你果然是老天爷派来的使者，刚才多有得罪！

狐狸：没有关系，大人不计小人过！我就原谅你一次。（转身对观众说）我得赶紧想办法逃命，一会儿大老虎醒悟过来非把我一口吞下不可！

狐狸：行吧，那你留在这儿吧，我去那边巡视巡视！

老虎：遵命，（敬礼）狐狸大人！（狐狸大摇大摆下场，转角

处没命逃跑）

老虎:（庆幸的样子）天呐！幸好刚才没有一口咬死他,否则,老天爷一定不会饶过我的！噢！肚子好饿,我还是去森林深处找找有什么吃的吧!（老虎一摇一摆下场）

（音乐起,小动物们上场）

兔子:这只老虎笨死啦！我们明明是被他吓跑的嘛！

众人:哈哈！这就叫"狐假虎威"!

（下场,完）

【名家点评】

课堂教学设计永远是一门艺术
——评李海容《狐假虎威》教学设计

《四川教育》首席记者　余小刚

多次现场听李海容老师的课，在各类观摩课上，她那永远微笑的风姿，温婉悦耳的声音，常常让我发出"师者当如此"的感慨。

更重要的是海容老师是四川小学语文的热心人和优秀的义工，常常义务指导四川青年教师参加各类竞赛，不遗余力。这是师者情怀的扩展，更是海容老师人品的另一种体现。

上课、指导上课，本身昭示了海容老师作为教师之能。

而，当我读到海容老师《狐假虎威》课堂实录，更让我钦佩她的专业素养和高位视觉，让我更生发"课堂设计永远是一门艺术"之感慨。

一、系统规划、科学布局，让教学过程成为学生学习的经历

加涅指出："教学是以促进学习的方式影响学习者的一系列事件，而教学设计是一个系统化规划教学系统的过程。"

教学设计是先于教学活动事件发生的教师规划性劳动。

教学设计的系统性决定了其价值基础。

教学设计的系统，包括教学要素的充分整合，例如，何时出示课题，怎样使用媒体资源，教学问题的是否适度、适当、适宜，等等。

　　由于教学设计还只是"规划"，因而"考量"是教学设计的行为表述，考量什么呢？考量预设的系统是否能够真正变成学生的学习经历。

　　这，就需要结合文本，遵循学生年龄特征，让设计系统本身具备有利于学生认知发展的可操作性。

　　对此，我们从李海容老师的《狐假虎威》设计中，可见其匠心独运。

　　……

　　2. 学习生字词。

　　（1）PPT出示生字，这些生字是我们读书的拦路虎，要想能正确、流利、有感情地朗读课文，就要先和它们交上朋友。

　　①请小朋友自己读读生字，你觉得难读的字可以看着拼音读几遍。

　　②交流：你觉得哪个字难读？（指名读）重点提醒学生注意"扯、兽、爪"是翘舌音，"闷、窜、胆"是前鼻韵母，"趟、抗"是后鼻韵母，"蒙住"的"蒙"读 mēng 不读 méng。

　　③PPT出示：纳闷（mèn）　骨碌一转（zhuàn）

　　闷（mēn）热　转（zhuǎn）身

　　　　去掉拼音读一读，同桌互相读一读，听一听。开火车读。

　　（2）出示生字组成的词语卡片，自由练读、抢读：威风、胆子、吓跑、寻找、爪子、借着、违抗、窜过、一趟、狡猾、百兽。

　　不难看出，这个识字过程设计，既有激励的，也有直观感知的，更有重点提示的，还有加强认知记忆的。

　　我以为，尽管看似平淡的识字设计，海容都倾注了心血，体现了对学习内容、学习需要、学习资源、学习者的系统分析。"作诗无古今，欲到平淡难。"教学设计也如此。

　　学法预设，准确合理，能够切实完成学生能力的训练。

　　加涅还说："教学系统本身是对资源和程序做出有利于学习的

安排。"

换句话说，教学设计必须体现从设计教师的教转向设计学生的学的设计理念。

所以，教学设计在设计策略时，第一要考量的是学法指导，即学生"如何学"。

由于教学设计属于教学活动前置性安排环节，许多教师很难把握"学法"的规划，因而常常忽略。有的即使有所涉及，也停留在概念层面，不具备教学设计本身应该具有的可操作性特点。

我们看李海容老师《狐假虎威》学法指导的设计片段：

四、指导写字："眼、神、物、活"

1. 先观察这几个字都是什么结构。

2. 认真读帖，看看它们在田字格中各部件是怎么占位的。

3. 教师边示范写，学生边描红，掌握每个字的正确书写要诀。

4. 学生抄写生字，教师巡回指导。

5. 全班交流评价。

也许，我们看起来也觉平淡，但是，这里的写字学法指导设计，可以说具体到观察、读帖、范写、描红、抄写、交流全部习字的学法过程。从扎实中，我们看见了海容老师对学法指导的务实，因而，这样的设计能够切实达成学生能力的获得，更因为学法指导的积攒，而促进学生智慧的形成。

二、尊重教材文本逻辑更尊重学生兴趣，创造性改编课本剧

赖格卢特《教学设计是什么及为什么》中说："任何设计活动的宗旨都是提出达到预期目的最优途径，因此，教学设计主要是关于提出最优教学方法的处方的一门学科，这些最优的教学方法

能使学生的知识和技能发生预期的变化。"

什么是最优？

我以为最优的不是学生知识当下的获取，也不仅仅是学生能力的迅速提升，而是"与未来有关"，从"这一节课，走向人生"，这与语文学科素养之"文化"相似。

对于二年级的孩子，阅读寓言没有太多难度，认识寓意也没有太多问题，但寓意要形成学生的"文化"修养，则绝不是课中可以完成的。

如何放大教材价值，使之在增强文字体验基础上，"化"为未来人生的"情感、态度、价值观"？

海容老师的设计是将课文改编为课本剧。

【时间】夏日午后

【地点】森林深处

【人物】老虎、狐狸、小猪、兔子、小鹿、小松鼠、小猴、斑马

【舞台】错落有致地放着绿植、假山，舞台深处有一高台当作小山；

【第一场：相遇】

（音乐：《森林狂想曲》，老虎随着音乐上场）

老虎：（自言自语）这些天，森林里最近有一个传闻，说是有一种动物比我神威老虎大将军还要厉害，哼哼，我倒是想要见识见识到底是什么动物比我还厉害！不过在这之前，我得把肚子填饱，今天真不走运，一只飞鸟都没见到，肚子已经咕咕叫，我躲起来，看看有什么倒霉的小家伙路过。（说完躲在小山后面，狐狸上场）

狐狸：（蹦蹦跳跳上场）一二三四五，上山打老虎，老虎不在家，碰见小松鼠，松鼠有几只，一二三四五。

（此时，老虎悄悄从小山后绕出，扑上去一把逮住了狐狸）

老虎：（兴高采烈地）哈哈！你还想上山打老虎！快来填

饱我的肚子吧！

狐狸：（狐狸吓得一哆嗦，眼珠一骨碌，很快镇静下来，扯着嗓子）怎么，你还敢吃我？

老虎：怎么不敢？你不就是一只小小的狐狸吗？我就是要吃了你！（张开了大口准备要吃掉狐狸）

狐狸：（扯着嗓子大喊）慢着！你好大的胆子！我可是老天爷派来管理百兽的，你吃了我，就不怕老天爷责罚你吗？你是多大的胆子？敢违抗老天爷？

老虎：（愣住）什么？管理百兽？难道你就是传说中的那个神秘使者？（松开了爪子）

狐狸：怎么？不信？要不然我带你到百兽面前去走一趟？也让你见识见识我的威风？（得意洋洋地摇着尾巴）

老虎：（半信半疑）哼！走就走，我倒要看看，你说的是真还是假！

（伴奏音乐起）

【第二场：谁的威风】

狐狸：（摇头摆尾，大摇大摆）我，神气活现地走在老虎的前面！

老虎：（东张西望）我，半信半疑跟在狐狸的后面！

狐狸：（小声地对观众说）我要借老虎的威风吓跑百兽！

老虎：（大声地对观众说）我要看看他到底有多厉害！

（小猪、兔子、小鹿、小松鼠等动物蹦跳着上场，追追赶赶）

兔子：奇怪奇怪真奇怪！狐狸今天怎么跟往常不一样？

小鹿：对呀，他往常走路不都是贼头贼脑的吗？

松鼠：呀！快看！狐狸后面那是谁？

小猪：呀！一只大老虎！

众人：快跑！快跑！快快跑！（小动物撒腿就跑，四处逃散，下场）

狐狸：（转过头对老虎，得意洋洋地说）看到了吗？他们见了我吓得撒腿就跑，这下你相信了吧？

　　老虎：（毕恭毕敬拱手）相信相信，你果然是老天爷派来的使者，刚才多有得罪！

　　狐狸：没有关系，大人不计小人过！我就原谅你一次（转身对观众说）我得赶紧想办法逃命，一会儿大老虎醒悟过来非把我一口吞下不可！

　　狐狸：行吧，那你留在这儿吧，我去那边巡视巡视！

　　老虎：遵命，（敬礼）狐狸大人！（狐狸大摇大摆下场，转角处没命逃跑）

　　老虎：（庆幸的样子）天呐！幸好刚才没有一口咬死他，否则，老天爷一定不会饶过我的！噢！肚子好饿，我还是去森林深处找找有什么吃的吧！（老虎一摇一摆下场）

　　（音乐起，小动物们上场）

　　兔子：这只老虎笨死啦！我们明明是被他吓跑的嘛！

　　众人：哈哈！这就叫"狐假虎威"！

　　（下场，完）

　　我无须评价海容老师改编的能力。

　　我引用过来，是想提示海容老师设计的匠心。

　　也许两课时中，未必要让学生即兴表演，但留存在学生课外活动中，让学生有兴趣演一演，也许不一定能完成寓意的内化，但演出的体验，必然能够成为未来学生"文化"的"修养"。

　　我以为，海容老师这种尊重教材文本逻辑更尊重学生兴趣、创造性改编课本剧的设计，实在值得称道。

二年级群文阅读课《大象舅舅》

我的思考：让快乐和简单永在

快乐是人的心灵体验。

人需要释放压力，获得快乐；人需要快乐相伴，快乐来自自己。

然而，面对纷繁复杂的世界，我们成人尚且视快乐为奢侈品，那么成长中的儿童呢？

儿童的天性当然是向往快乐。但客观世界是不是就完全能够给他们以快乐的体验呢？比如，遇到困难，遭遇各种变故，如何以自己的办法获得快乐的抚慰，给自己的成长打上快乐的底色呢？

难道，快乐真的遥不可及？

其实，当我们真正想要寻求快乐的时候，"快乐老家"就在我们内心。

快乐很简单！

天真烂漫的童年需要快乐永在，我们需要教给儿童化快乐为简单的办法。我们可否像大象舅舅一样，教会我们的孩子学会管理自己的情绪，学会从身边的日常中发现快乐的源泉，笑对生活的一切。

这，就是我设计此课的初衷。

【教学设计】

教学内容：

美国作家阿诺·罗北尔经典图画书《大象舅舅》中节选的 5 个小故事：《点灯》《为清晨吹喇叭》《算电线杆》《穿衣服》《写一首歌》。

教学年级：

二年级。

教学时间：

40分钟。

教学目标：

1. 尝试运用猜读的方法让阅读变得更有意思。

2. 通过大象舅舅和小象的故事，初步懂得情绪管理的一些方式，知道在不开心的时候，要努力想办法让自己高兴起来。

教学重点：

尝试运用猜读的方法阅读故事。

教学难点：

让学生初步懂得，在不开心的时候，可以通过玩一些好玩的、简单的事情，想办法让自己快乐起来。

教学过程：

一、创设情景，激发兴趣

老师给大家带来了一位朋友，它是谁呢？（PPT出示大象舅舅的图片）这是一头上了年纪的大象。瞧，它脸上的皱纹比树上的树叶还多，它脸上的皱纹比沙滩上的沙子还多，它脸上的皱纹比天上的星星还多。总之，它的年纪已经很大很大了。

咦，快看，大象的身边还有谁？（PPT出示小象）这头小象是大象的什么人呢？请你猜一猜。

答案就藏在一个故事里，故事的名字叫《为清晨吹喇叭》。请小朋友自己读读这个故事，看谁最先找到答案。遇到不认识的字，你可以猜一猜，也可以跳过去。

二、共读故事，思考分享

1. 故事里的大象舅舅和小象在什么地方干什么呢？

2. 把你觉得特别好玩的地方用横线标出来，然后和同桌的小伙伴交流交流。

3. 谁来说一说你找到的特别好玩的地方？（根据学生回答，重点关注故事中以下三个地方）

（1）做国王和王子——好特别的王冠，竟然是用鲜花做成的；

（2）向花介绍外甥——你的舅舅向花啊草啊树啊什么的介绍过你没有？这太有意思了！来，我的小象们，请起立，我要把你们介绍给我的每一朵花。玫瑰，这是我的外甥……

（3）为清晨吹喇叭——大象舅舅怎么吹喇叭的？谁来做大象舅舅。小象怎么吹喇叭？谁来做小象。愿意做国王的，举起你们的长鼻子；愿意做王子公主的，举起你们的长鼻子。我们一起来吹响亮的喇叭迎接清晨。你们真能干！把故事里的文字用动作表现出来了，把掌声送给小伙伴，也送给自己！

三、听读故事，有趣对话

大象舅舅和小象玩得真开心！猜猜，大象舅舅和小象还会玩些什么？听老师讲给你们听，我们来边听边猜测这个故事的内容。

1. 注意看屏幕，老师讲到哪里，你的眼睛就要争取看到那里。

2. 猜一猜，大象舅舅会许什么愿？小象会许什么愿？如果是你，你会许什么愿？（噢！小象原来想要一架飞机自己开！还想要一碗 10 个球的冰淇淋。你一般吃几个球？你觉得小象怎样？大象舅舅想要……你觉得大象舅舅怎样？）

3. 继续听！再猜，魔法实现了吗？为什么？

4. 印证猜测：我们一起来看一看，哈哈，大象舅舅和小象的愿望实现了吗？他们高兴吗？为什么？（你看，我们读故事的时候，边读边猜，多有意思啊！谁也没有想到，那盏灯里竟然住着一只蜘蛛呢！）

5. 故事听完了，和你的小伙伴说一说，你觉得这个故事哪个地方最好玩。

小结：虽然大象舅舅和小象的愿望都没有实现，但他们实现了蜘蛛的愿望，经历了一件特别有趣的事情，所以，大象舅舅和小象特别高兴。

四、分组阅读，交流共享

大象舅舅和小象真会玩，他们还做了其他有意思的事情呢！接下来我们分组读故事《穿衣服》和《算电线杆》，同桌的两个小朋友拿到的故事是不一样的，怎么读呢？眼睛看大屏幕，耳朵竖起来，听我悄悄说给你听。

1. 自己读故事，边读边把你觉得好玩的地方用横线标出来。

2. 读完后，把你觉得好玩的地方讲给同桌听，告诉小伙伴你为什么觉得好玩。

3. 分享。

（1）《算电线杆》——大象舅舅算了哪些东西？算清楚了吗？

（2）《穿衣服》——大象舅舅怎么穿衣服的？你平常是怎么穿衣服的？来看看，大象舅舅变成什么样了；读句子，学动作：微微笑了；吃吃笑了；捧腹大笑。

小结：看你们笑得多开心啊！大象舅舅和小象跟你们一样快乐。

五、纵向浏览，寻找快乐

把这四个故事连起来看一看，你有什么发现？大象舅舅和小象一直都是这么快乐吗？你有没有从故事中发现什么？

1. 出示句子："我觉得悲伤……"猜一猜，说说你的疑问。

2. 听录音：我们来听听小象是怎么说的。

3. 出示句子："海上有大风暴……"如果你是小象，你的心情怎样？

小结：小象的心情跟我们一样，它把自己关在房间里，把所有的窗帘都放下，关紧紧。在小象最无助和悲伤的时候，大象舅舅推开门走了进来。你看，大象舅舅和小象一样难过。

4. 讨论：它们一直这样难过下去，天天以泪洗面，行不行？

（结合 PPT 继续小结）大象舅舅说："我要想个办法，使我们快乐起来。"他们玩好玩的事情，做好笑的事情，因为他们相信，悲伤就像火车车窗外一闪而过的田野、房子、天地、电线杆一样，总有一天也会过去。最后，他们"忘记了要悲伤，让自己快乐起来"。

5. 你遇到了不开心的事情，你有好什么办法让自己快乐起来？

小结：真好！你们都是会生活的、聪明的孩子。每个人在生活中总会遇到不开心甚至伤心的事情，这很正常。当我们遇到这些事情的时候，要像大象舅舅和小象一样，想办法让自己高兴起来，用快乐赶走悲伤、忧愁。

六、自读顿悟，体味快乐

1. 自己读，看看大象舅舅写了些什么？

2. 大象舅舅和小象还在唱歌呢！和你的小伙伴试着唱一唱，想怎么唱就怎么唱，唱到手舞足蹈都可以。

3. 全班分享。

小结：你看，大象舅舅和小象是多么快乐啊！

七、阅读延伸

今天这节课，我们和大象舅舅、小象一起，经历了那么多好玩的事情。读完这几个故事，你们还有没有什么关心的问题想问一问小象呢？

如果你想知道刚才所问的这些问题，请大家去阅读《大象舅舅》这本书吧，所有的答案在书中都可以找到。

附：文本材料

点灯

我们走进了大象舅舅的家。

"我们把灯点起来，然后吃晚饭。"大象舅舅边说边把灯从架子上拿下来，点亮了。

"嘿！小心！"一个细小的声音从灯里传来。

"你听到了吗？"大象舅舅问。

"这盏灯会说话，它是一盏魔灯！"我吃惊地说。

"是魔灯，那我们就来许个愿好了。"大象舅舅说。

"我想有一架飞机，我可以自己开。"我说。

"我想有一件红点大礼服和一条带条纹的裤子。"大象舅舅说。

"我想有一大碗香蕉船，里面有 10 个大大的冰淇淋。"我说。

"我想有一个盒子，里面有 100 支雪茄。"大象舅舅说。

于是，我们摸摸那盏灯，我们静静地等着魔法出现。

一只小小的蜘蛛爬了出来。"希望你们把灯灭了，还我平静，"蜘蛛说，"我住在灯里面，现在它变得越来越热了。"

大象舅舅满足了蜘蛛的愿望，高兴地把灯灭了。大象舅舅把灯放回架子上，我们在月光下吃晚餐。

为清晨吹喇叭

"喔——啊——吗——"早上，我被这响亮的声音吵醒了。

跑到窗口一看，原来是大象舅舅在花园里。他的耳朵在微风中忽扇着，他的长鼻子像小号一样举得高高的。"喔——啊——吗——"大象舅舅还在吹。

"你在做什么？"我问道。

"我总是用这个方式欢迎清晨，"大象舅舅说，"每一个新的一天都值得好好地吹一声大喇叭来迎接。这里满园的花都是我种的，我要把你介绍给每一朵花。"

"玫瑰、雏菊、水仙和金盏花，这是我的外甥。"大象舅舅对着花儿说。我向这些花儿鞠躬，大象舅舅很高兴。"这个花园是世界上我最喜欢的地方。它是我自己的王国。"

"如果，这是你的王国，那你就是国王吗？"我问。

"我想是的。"

"如果你是国王，那我就是王子了。"

"当然，你就是王子。"大象舅舅说。

我们用花朵为自己做了王冠。大象舅舅举起他的鼻子，"喔——啊——吗——"我举起我的长鼻子，"喔——啊——吗——"我们是国王和王子，我们吹喇叭欢迎清晨。

穿衣服

大象舅舅家的客厅挂着一张照片。

"这是我像你这么大的时候，和我的爸爸妈妈一起照的。"大象舅舅说。

我看着那张照片，大象舅舅和他的爸爸妈妈在一起。他们一家看起来，真像是我们一家。

我觉得悲伤，我开始哭。大象舅舅看上去也和我一样。

"别哭，别哭！现在别再悲伤了，不要难过了。我要想个办法，使我们快乐起来。我要穿些好玩的衣服，那会使我们有笑容。"

大象舅舅说着打开了他的衣橱。他盯着他的那些帽子、领带、衬衣、裤子和外套。

"我的衣服都不好玩，怎么办呢？"大象舅舅走进了衣橱。

不一会儿，他出来了，他穿上了所有的裤子、衬衣和外套，戴上了所有的帽子，系上了所有的领带。大象舅舅成了有着两只大耳朵的衣服堆！我微微笑了，然后我吃吃笑了，最后我捧腹大笑，我们两个都笑得很厉害，我们忘记了要悲伤。

数电线杆

我和大象舅舅坐上了火车，我们一起吃花生，我们看着车窗外的风景，外面的田野一闪而过。

"一、二、三，哦，我漏下了一个。"大象舅舅说。

"你在数什么？"我问。

"我在数跑过去的房子。"他说。

"一、二、三、四，哦，我又漏下了一个。"大象舅舅说。

"你又在数什么？"

"我在数跑过去的田地。"

"一、二、三、四、五，哎，我又错过了一个。"大象舅舅说。

"你现在又在数什么？"我问。

"我在数跑过去的电线杆。但是，它们都过去得太快了。"大象舅舅说。

大象舅舅是对的，所有的东西都过去得太快了。

"一、二、三、四、五、六、七、八、九、十！"大象舅舅说。

"这次你数什么？"

"我在数花生壳，"大象舅舅说，"花生壳比较容易数，它们都在我们的怀里。"

火车跑啊跑啊，我们吃完了整袋花生，留下了很多的花生壳给大象舅舅去数。

大象舅舅感觉疼痛

大象舅舅和我去散步。

"噢！"大象舅舅叫出声。

"怎么了？"我问。

"我觉得疼痛。"大象舅舅说。

"什么是疼痛？"我问。

"像我这么老的大象，有时候会疼痛，"他说，"我的背疼痛，我的膝盖疼痛，我的脚疼痛，就连我的长鼻子也疼痛。真是不舒服啊！"

我们慢慢走回家。大象舅舅小心坐下，坐在最软的椅子上。

"啊！——"他说，"我屁股上的疼痛好了。"

大象舅舅把头靠在椅背上，"啊！——"他说，"我头上的疼痛好了。"

大象舅舅把他的一双腿架在垫脚的凳子上。

"啊！——"他说，"我脚上的疼痛好了。"

"你觉得好些了吗？"我问。

"差不多了。"大象舅舅说。"如果你让我讲个故事给你听，我知道，我的疼痛就会全部好起来。"

在童话的温馨中，让儿童带着快乐成长
——《大象舅舅》教后反思

　　《大象舅舅》是 20 世纪美国图画书历史上最重要的创作者之一阿诺·罗北尔的作品。阿诺·罗北尔是当代最尊重儿童智慧的作家。他的作品除了温馨、带点茶香的趣味之外，对于传统被认为是高层次思考才能解决的哲学论题，例如勇气、意志力、友谊的本质、死亡的恐惧、智慧等，都能够用具体的影像、说闲话的语气，数落出来，让读者常常会发出"啊"的感叹。他的作品，每篇都可以作为儿童哲学的题材。这位有着独特生命感怀和艺术天赋的图画大师用他手中的画笔为世界创造了一座被爱与盼望照亮的伊甸园，永久庇护我们脆弱的生命。

　　《大象舅舅》这个故事是作者第一次以第一人称的口吻来写作，也是第一次出现大象舅舅这个成人的角色："我是小象，爸爸妈妈在海上遇到了大风暴，失踪了。大象舅舅来了，他带我坐火车去他家……"故事一开始就笼罩在死亡的气息中。在小象最无助和悲伤的时候，大象舅舅用老人的睿智和生活历练抚平了小象寂寞而受伤的心。他带着小象坐火车数电线杆、对着会说话的灯许愿、在清晨的花园里举起长鼻子欢迎新的一天、把所有的衣服穿在身上、为小象写一首自己的歌……就这样，大象舅舅带着小象从沮丧的现实进入一个无忧的世界。故事中，小象的爸爸妈妈音讯杳无，大象舅舅也和小象一样悲伤，但是他告诉小象"别哭！别哭！现在别再悲伤了，不要难过。我要想个办法，使我们快乐起来"。在大象舅舅带着小象做了很多好玩的事情之后，"我们忘记了要悲伤"。这是一个特别具有哲学意味的故事。遭遇不幸，悲伤很正常，但不能让悲伤的情绪一直占据我们的生活。学会管理自己的情绪，想办法让自己在不开心、沮丧甚至悲伤的时候快乐起来，这是多么重要的一种情商管理能力。所以，将议题定为《快乐起来》，其间包含一个动态的过程，在这个动态的过程中，需要坚强、勇气和智慧。

　　这节课的五个故事均选自《大象舅舅》这本书，故事的同质性很强，考虑到二年级的学生年龄较小，课堂上采用了"3+2"的方式来呈现文本。群文阅读的教学并不只是几篇文章简单的叠加，围绕"快乐起来"这个议题，老师和学生共读《为清晨吹喇叭》和《点灯》两个故事，学生分组共读另外的三个故事，把着力点放在对几篇文章统整后的核心问题的集体建构上：怎样用快乐赶走悲伤？怎样让自己快乐起来？让学生通过对多篇故事的阅读，与大象舅舅和小象一起共享快乐的时光，经历悲伤的情绪，最后达成共识：悲伤和难过是一种正常的情绪，但不能让它们左右我们的生活。快乐的方法原来如此简单，平常的生活中也能发现很多简单快乐；没有谁可以代替你快乐起来，全在乎你的内心。在此建构的过程中，学生与故事中的角色不断对话，达成共识水到渠成。

　　在阅读的课堂上，老师的任务就是不断激发学生"悦读"，变"要我读"为"我想读"。兴趣真的是最好的老师。课堂上，如何激发二年级学生的阅读期待？如何挑起他们的阅读欲望？我多次采用了猜读的阅读策略：第一次猜一猜：小象是大象的什么人？说说你的理由。在学生做出各种猜测之后，告诉他们，答案藏在《为清晨吹喇叭》这个故事中，每一个孩子都是迫不及待地打开了故事。第二次猜一猜：大象舅舅和小象会许什么愿？如果是你，你会许什么愿？充满好奇感与极具代入感的问题，让学生对故事的发展充满了极大的好奇心。而大象舅舅和小象许的愿望却只是普通的生活所需，他们好像都知道不该打乱生活本来的步子，哪怕这步子是潦潦草草和歪歪扭扭的。即使面前有一盏可以说话的魔灯，他们也没有贪心得想要回到过去。他们好像都明白，所有的东西都过得太快，过去了就回不来。第三次猜一猜：大象舅舅和小象的愿望实现了吗？结果，故事的发展与学生的猜测大相径庭，然而正是这样一种出乎意料的结局，让他们的阅读变得更加刺激，更加有趣。第四次猜一猜：小象为什么悲伤？伴随小象画外音的讲述，学生知道了小象的爸爸妈妈出海遭遇大风暴，音讯杳无，极度悲伤。但是后来在大象舅舅的陪伴下，他让自己变得快乐起来。学生从小象的经历中，感悟到让自己快乐起来是可以做到的事情。四次猜测，让学习的过程充满期待，充满意外，把学生带入精彩的故事情节，让阅读变得格外吸引人。

有效的"群文阅读"教学，在选好文章的基础上，还要设计合理的教学活动，依靠有步骤、有程序的阅读策略教学，尽可能缩短儿童天生能力间的差距。课堂上，我还采用了多种方法引导学生阅读文本。比如，用听读的方式读《大象舅舅开门》这个故事。美国教育家杰姆·特米里斯认为："孩子坚持听读可以使注意力集中，有利于扩大孩子的词汇量，并能激发想象，拓宽视野，丰富孩子的情感。"在听读中，孩子会逐渐领悟语句结构和词义神韵，产生想读书的愿望，并能具备广泛阅读的基础。再比如，让学生演一演——像大象舅舅和小象一样吹喇叭、向花们问好；唱一唱——唱大象舅舅为小象写的歌，用自己熟悉的曲调、用任意编造的曲调，想怎么唱就怎么唱；说一说——如果自己是大象舅舅和小象，会许什么愿？如果自己是小象，心情会怎样？……通过教学的多种活动形式，让学生与故事中的角色产生情感的共鸣，提高阅读的有效性。

群文阅读，"悦读"越读，期望群文的课堂带给师生的记忆就如同大象舅舅和小象一起度过的那些"忘不掉也算不过来的日子"一样，温暖一生。

【名家点评】

善待痛苦，学会快乐
——李海容执教图画书《大象舅舅》课堂特色赏析

四川省教育科学研究院 刘晓军

自以为"百炼成钢"，其实"徒有虚名"。薄薄一本桥梁书或是绘本，就足以让你感慨万端，低下矜持而骄傲的头颅。

两次听李海容老师执教《大象舅舅》群文阅读教学，一次是在重庆大礼堂和台湾的赖玉连老师"同课异构"，一次是在草堂小学的多媒体教室里。前一次以充满情趣的"猜读""统整""作者观点"等为主，后一次以"入情入境""人物模演"和"学写对话"为主，场景不同，学情不同，目标不同，教学策略运用各异，但教学效果皆令人欣喜。感佩于海容老师专题研究的孜孜以求，感动于"娓娓道来""如数家珍"的婉约和亲近，更欣赏她对于文本丰厚内涵的精准把握和基于生本的走心、动情、贴地和转化。

彼时彼地，其情其景，孩子们游弋绘本之中，可真正能读懂、听懂者不多。缘何？"象爸爸和象妈妈乘船出海旅行遇到暴风雨音讯渺茫"，意味着什么？意味着生离死别、灾难猝不及防。假如生活欺骗了你，该如何面对？

"小象蜷缩在伤心的小巷，独坐在幽暗的房间。"天使陷入无尽的惶恐和愁闷，正在经历人生的挫折（诸位使劲想一想那些偏远农村、山区、民族地区的留守孩子，就明白了）。得"救救孩子"，这是鲁迅先生在一百多年前的"呐喊"，现在的诸君还有谁会忆及？此时此刻，大象舅舅出现了。庆幸，有个大象舅舅，它一定是耶稣或智慧老人的化身！

颇为神奇的是，大象舅舅以老年人特有的睿智和历练抚平了小象寂寞而受伤的心。他教小象吹喇叭迎接每一个早晨，钻进衣柜把所有衣服都穿在身上搞笑扮小丑，坐上火车出门旅游，数电线杆子消磨时光，点亮魔灯许一个愿，讲各种有趣的故事……面对苦难，快乐的办法有千千万万，饱受苦难的人们需要快乐的抚慰！不是苦中作乐，不是自欺欺人，大象舅舅随时随地、因地制宜地创造着快乐，赋予日常琐碎事物以快乐和神奇的基因。学会开心，当代职场中人多么缺乏的一种能力，多么珍贵的一种生活哲理！这是多么伟大的爱和智慧的创意——您会独具匠心把欢乐奉献给家人吗？您会不厌其烦地把爱献给素不相识的陌生人尤其是留守儿童吗？您会把自己当成一个傻子一般玩个不亦乐乎吗？

至少，初读《大象舅舅》的时候，我就曾经这样气歪了鼻子、懊恼地抱怨过。我们还不懂得和生活讲和，心早就变得坚硬而冰冷，自以为百毒不侵，其实却脆弱得不堪一击。在大象舅舅示范性的创造快乐中，不幸"背疼、脚疼、长鼻子疼痛加剧"，它慢慢地、缓缓地以身垂范，走累了歇一歇，停一停，靠一靠，还悠悠地示弱、柔柔地暗示和热切地期待着，"如果你让我讲个故事给你听，我知道，我的疼痛就会全部好起来"。多么贴心的呵护，多么智慧的唤醒！只有真正发自内心地快乐起来，才是真正的快乐！施舍的快乐不是真正的快乐！

大象舅舅深深懂得。如果换成是我们成年人，会如何应对？一定会瘫在椅子上，一努嘴，声严色厉地斥责曰："你看看隔壁那娃娃多孝顺！你就差远了！如果有人能替我揉一揉按一按，那该有多好！百善孝为先，你小子赶紧给老子按摩哦——"完了，这就是我们习惯的说教和强势。

小象能在玩乐中顿悟生活的真谛吗？无须布道，只需践行。

播下的快乐种子总得发芽吧，孤独的小象能学会创造快乐吗？

海容老师是温柔智慧的，她很享受和孩子们聊书。我们静坐一隅，闭眼静听，度过一段自我疗救的旅程。

学会开心，超越具体学科教学目标的永恒的育人目标！在艰涩的困境里学会快乐，这就是阿诺·罗北尔想通过文字和画面所传递的情感和思想。

有人评价阿诺·罗北尔是当代最尊重儿童智慧的作家。他的作品除了温馨，带点茶香的趣味之外，对于被传统认为是高层次思考才能接触的哲学论题，例如勇气、意志力、友谊的本质、死惧、智慧等，都能够用具体的影像，通过闲聊的方式一一涉及和点化出来，让读者不断发出感叹。多次感悟之后，终于完全赞同。

阿诺·罗北尔的传奇伴随着他的一生，尤其是他的辞世。1987年12月4日，在他离开这个世界时，他还在带给人们以快乐。他在纽约时报登了一则启事："如果你想念我，请不要设立什么基金会、奖学金、纪念碑之类的，请你看我的书，因为我就在里面。"在这世界上，每天都有人坐在那里读他的书，欣赏他的故事，他就非常高兴。他爱为小孩写书，阿诺·罗北尔在作品里获得了永恒。

挚爱阿诺·罗北尔绘本作品的人们，同样能获得永恒的快乐。

三年级群文阅读课
《精彩的对话，出人意料的情节》

我的思考：让文本意义建构儿童心理

　　群文阅读教学，选文是一件辛苦的事情，需要老师海量地阅读。每一组群文阅读的文本都来之不易，是否可以尝试同一组文本放在不同的年级，从不同的议题切入，让文本意义建构儿童心理，实现文本的最大使用价值呢？我用《大象舅舅》这本书中的同一组文本做了一次成功的尝试。这组文本放在二年级阅读时，重点指向的是儿童的情绪管理，指向的是人文的议题。本次课放在三年级，指向的是文本的表达技巧，教会三年级的孩子在讲述故事的时候，精彩的对话、出乎意料的情节往往可以成为吸引读者的制胜法宝。

　　【教学实录】

　　师：昨天晚上，李老师发了三个故事给大家读，读了吗？

　　生：读了。

　　师：读了故事之后，你们一定认识他。（出示 PPT）告诉我，他是故事当中的谁？

　　生：大象舅舅的外甥。

　　师：他叫什么名字？

　　生：小象。

　　（师：板书"小象"）

　　师：现在请孩子们仔细观察，他在什么地方？他现在的表情怎么样？

生 1：他现在的表情很沮丧。

师：你看出了沮丧，你呢？

生 2：悲伤。

师：还有谁看出了什么表情？

生 3：他很伤心。

师：孩子们都看出来了，再来看看，他在什么地方？

生 1：他在床上。

师：还有吗？你来。

生 2：在他的卧室里。

师：他在他的卧室里特别的伤心、难过。可是，昨天晚上我们读的三个故事里的小象，是这个表情吗？

生：不是。

师：他在故事里怎样的？

生：很开心。

师：特别的开心，特别欢乐。小象为什么这样伤心？在故事里又为什么变得这样开心？你们来猜，遇到什么事情了，为什么这么伤心。猜一猜，大胆地猜。

生 1：因为他觉得自己想去帮助舅舅，结果都帮不上，所以很伤心。

师：猜到了舅舅，我喜欢他的猜测。你想怎么猜就怎么猜。

生 2：他在他舅舅那儿生活得很快乐，但是他舅舅带他去打针，他非常不喜欢打针，所以就坐在那里。

师：我猜你肯定怕打针，所以这样猜。

生 3：是因为大象舅舅给他看了他小时候和爸爸妈妈一起合影的一张照片，小象就想起自己的妈妈。

师：孩子们猜的很多，每个孩子都有自己的想法。我们现在来听一听。听一听小象告诉你们他为什么这样伤心，这样难过。

（放录音）

师：小象为什么这么难过？

　　生：因为他爸爸妈妈在出去旅游的时候，在海上遇到了大风暴，失踪了。

　　师：用上了一个词"失踪"。所以小象这么伤心，这么难过。可是昨天晚上我们读的故事当中，小象却特别开心。因为谁？

　　生：大象舅舅。

　　师：是因为他有一个大象舅舅。（板书"大象舅舅"）大象舅舅他是怎样让小象变得开心，变得快乐起来的？

　　师：现在请你们翻开我们昨天读的三个故事，迅速浏览一遍，然后拿着桌上这张小的阅读单，请你按照阅读单上的内容，把它填写完毕。李老师有个小小的提醒，在填写做什么事情的时候，我们需要的是用词语来概括，不要用长长的句子。

　　（师巡视）

　　师：同桌两人都写完的可以交流一下。

　　师：现在我们来一起看看阅读单。第一个故事《算电线杆》，人物？

　　生：小象和大象舅舅。

　　师：地点在哪里？

　　生：火车上。

　　师：事情？

　　生1：数东西。

　　生2：数数。

　　生3：数电线杆、房屋、田地、花生壳。

　　师：概括地说，他在——

　　生：数东西。

　　师：心情怎么样？

　　生：开心。

　　师：都是开心吗？写"开心"的孩子举手。绝大多数孩子写的是"开心"，说明大家读这个故事都很用心。还有同学意见不一样的，等会儿我们再来看看哪些同学有不同的看法。

　　师：继续。《为清晨吹喇叭》人物？

生：小象和大象舅舅。

师：同样的人物。地点在哪里？

生：在花园里。

师：事情是干什么呢？

生1：用鼻子吹喇叭。

生2：为清晨吹喇叭。

生3：用花作王冠。

生4：为新的一天吹喇叭。

生5：当国王、王子。

生6：大象舅舅把小象介绍给他的花。

师：你们的舅舅有没有把你们介绍给他的花儿过？

生：没有。

师：所以他们有意思吧。那他们的心情怎么样呢？

生：开心、快乐。

师：是特别特别的快乐。下一个故事《穿衣服》，人物？

生：还是小象和大象舅舅。

师：地点？

生1：客厅。

生2：客厅的正中央。

生3：衣柜的旁边。

生4：在大象舅舅的客厅里。

师：大象舅舅在家里做什么事情？

生：穿衣服。

师：心情？

生：悲伤转开心。

师：快乐的、开心的，也有伤心的。大象舅舅带着小象做了三件事情，小象由特别伤心难过变得开心起来。那现在，李老师请你们看着自己的阅读单，说说读了这三个故事，你们有什么发现。

生1：我的发现是每个故事里的人物都是小象和大象舅舅。而且每个故事里面，小象的心情都有开心。

生 2：我发现大象舅舅非常幽默、阳光和快乐。

生 3：我发现大象舅舅每次都会为小象做一些让小象很快乐的事情。

生 4：我发现大象舅舅每次都会为小象做一些有趣的事情。

生 5：我发现大象舅舅特别爱陪小象玩，不会因为自己是大人有自己的事情要去做就不理小象，让小象自己去玩。他会陪着小象做小象想做的事情，还会逗小象，而且还让小象很快乐。

师：孩子们的小手还在继续举着，说明我们还有好多好多的发现想说，但是因为时间关系，我们没有办法让每一个孩子都把自己的发现说出来。你只要有发现，就说明你会读书，有机会我们再继续交流。接下来李老师还要请你们继续阅读，拿出你抽屉里的第四个故事，把故事的题目读给老师听。

生：《大象舅舅感觉疼痛》。

师：请你快速阅读这个故事，然后再跟前面的三个故事连起来比较一下，看看你又有什么新的发现。

师：快速阅读可以扫过去，一目三行，一目四行，一目五行都可以。

师：你来说你有什么发现。

生 1：大象舅舅经常给小象锻炼的机会。

师：不错！其他同学还有什么发现？你读了这个故事，和前面的三个故事比较，你会有什么发现呢？

生 2：前面三个故事都是写的大象舅舅去关心小象，而现在这个故事是小象去关心大象舅舅。

师：我喜欢她用到的这个词语："关心"。（板书"关心"）前面的三个故事小象被大象舅舅关心，她发现了这个故事是谁在关心谁？

生：小象在关心大象舅舅。

师：还有没有新的发现？

生 3：我发现舅舅他刚开始很痛，其实他是想让小象懂得关心别人，也告诉小象一些道理。

师：你很会动脑筋！不仅发现了这个"关心"的角色的转变，而且还知道了大象舅舅的用心所在。聪明能干！

生4：我的发现是大象舅舅可能就是装的，其实他是想多陪陪小象。

师：还会有好多的发现吧？你来！

生5：我觉得大象舅舅非常爱小象，是因为他最后一句话说的是："如果你让我讲个故事给你听，我知道我的疼痛就能全部好起来。"

师：好，请坐。你们有没有发现，其实刚才李老师有一个很重要的要求，就是你在读这个故事，读完以后，你要把它和前面的三个故事进行比较。比较之后我们就发现了，当小象伤心难过的时候，这三件事情都是谁在做？

生：大象舅舅。

师：是大象舅舅一直在陪伴着他，而《大象舅舅感觉疼痛》这个故事则是大象舅舅很不舒服，这个时候，他也需要小象的——

生：关心、陪伴。

师：小象也做到了。其实就像小象和大象舅舅一样，人与人之间的关心和陪伴一定是——

生：相互的。

师：我们再读这四个故事，还会有新的发现。（板书："我还发现……"）刚才我们所有的发现都是在了解这四个故事写了什么。读书读到这个层次，不够。我们不仅要明白作者写了什么，我们还要去了解一下作者是怎么写的。请你们把这四个故事连起来，快速浏览一遍。看一看你们发现了这个作者写故事有一个什么秘诀。

四个同学发现了，五个、六个、七个……十、十一、十二、十三、十四。哇，越来越多的同学有发现，谁来说你的发现。你最先举手，你来。

生1：我觉得从《数电线杆》到《大象舅舅疼痛》是连在一起的。为什么连在一起，是因为数电线杆的时候他们还在火车上，说明大象舅舅的家离小象的家很远,他们要坐火车回去。《穿衣服》这个故事就是写已经到家了,到了客厅里面才发现……

师:李老师明白了,你的意思是讲故事很有顺序,是按照一定的顺序来讲的,先在火车上,然后到家里,再去花园里玩。会思考、会发现的孩子。还有没有别的发现?

生 2:我觉得这个作者写这几篇文章都是为了让我们懂得去关心别人。

师:哦,你去想到了他的目的去了。那么他为了告诉我们这个,他采用了什么办法来写呢?好,小手放下。要想找到作者的这个秘诀有点难,看看李老师的这个提示,一下子你就会发现:"我问道""大象舅舅说""我问""大象舅舅说"。怎么讲故事?

生:它们都是一句句对话。

师:原来这几个故事里面没有其他的描述,都在写他们的对话。太神奇了!只是简简单单的对话,就可以讲故事,而且这个故事讲得我们还特别喜欢看,还觉得特别精彩。现在我们再来看一个故事,是不是像我们刚才发现的这样,通过精彩的对话来讲故事。(板书"对话")

师:刚才都是你们在看,有点辛苦了。我们来看第五个故事。这个故事,李老师来讲。注意要求:请你的眼睛一定要跟随李老师声音的速度。我读到哪里,你的眼睛就要快速地移动到哪里。看一看,是不是通过对话来讲故事。

(读故事)

师:猜,他们会许什么愿?分别会许什么愿?这么多小手举起来,都想说是不是?让你们每个人都有机会说。拿出阅读单,用最快的速度写出他们的对话。

生 1:"是魔灯,那我们就来许个愿好了!"大象舅舅说。

"我可以先许吗?"我说。

"可以。"大象舅舅说。

"我希望爸爸妈妈能平安回来!"我说。

"我喜欢我的外甥一直健健康康。"大象舅舅说。

于是，我们摸摸那盏灯，我们静静地等待魔法的出现。

师：好有爱的大象舅舅和小象啊，温馨的对话产生了。这是你写的故事，厉害厉害真厉害！谁再来？

生2："是魔灯，那我们就来许个愿好了。"大象舅舅说。

"祝大象舅舅能永远健康。"我说。

"祝小象能永远平安。"大象舅舅说。

"我已经许好愿了，你呢？"我说。

"我也已经许好愿了。"大象舅舅说。

于是，我们摸摸那盏灯，我们静静地等待魔法的出现。

师：嗯，不错。这段对话很有意思。谁还来分享？

生3："是魔灯，那我们就来许个愿好了。"大象舅舅说。

"让我的爸爸妈妈回来吧！"我说。

"希望我们永远都开心！"大象舅舅说。

"我许的愿会实现吗？"我说。

"当然会实现的。"大象舅舅说。

于是，我们摸摸那盏灯，我们静静地等待魔法的出现。

师：他写的对话跟别的孩子不一样了，发现没有？还有没有不一样的愿望？

生4："是魔灯，那我们就来许个愿好了。"大象舅舅说。

"我先许。"我说。

"好啊。"大象舅舅说。

"我希望爸爸妈妈能平安回来！"我说。

"我希望你能快乐成长！"大象舅舅说。

于是，我们摸摸那盏灯，我们静静地等待魔法的出现。

师：两个人的愿望都很温暖人心。你来说。

生5："是魔灯，那我们就来许个愿好了。"大象舅舅说。

"我想让爸爸妈妈平安回来。"我说。

"我想让外甥健健康康。"大象舅舅说。

"我还想和大象舅舅一直在一起。"我说。

"我也想和你永远在一起。"大象舅舅说。

于是，我们摸摸那盏灯，我们静静地等待魔法的出现。

师：非常好！看来孩子们会读书，读着读着到最后，能够把前面的内容连起来，在这里写进人物的对话。有没有跟他们不一样的愿望？你来。

生6："是魔灯，那我们就来许个愿好了。"大象舅舅说。

"我希望我能早日见到爸爸妈妈！"我说。

"我希望早上能每天都开开心心的。"大象舅舅说。

"我要和大象舅舅在一起。"我说。

"我希望小象平平安安。"大象舅舅说。

于是，我们摸摸那盏灯，我们静静地等待魔法的出现。

师：好孩子，手都放下。都想说是不是？每个孩子都舍不得将手放下。我喜欢你们，孩子们。你们不仅写了这么多美好的愿望，而且愿意把自己美好的愿望说出来跟其他的同学分享。这是非常非常好的一种学习习惯。给你们一分钟的时间，同桌的两个小伙伴，把你们刚才写的对话给同桌说一说，开始。

师：我发现了一些特别有意思的愿望，你们想不想听？

生：想！

师：来，你来给大家念一念你写的愿望。

生："是魔灯，那我们就来许个愿好了。"大象舅舅说。

"魔灯，魔灯，你能让我的爸爸妈妈回来吗？"我说。

"如果我年轻十岁就好了。祝你的身体好好的。"大象舅舅说。

"我许完了，你呢？"我说。

"我也许完了。"大象舅舅说。

于是，我们摸摸那盏灯，我们静静地等待魔法的出现。

师：大象舅舅的愿望和小象不一样的。他竟然想让自己年轻十岁。孩子们，刚才我们每个人都去想了他们之间可能出现的对话。这都是你们想的。你们想得特别特别棒！那作家他究竟是怎么写的呢？是不是跟你们写的一样呢？想不想知道？

生：想！

师：听李老师继续往下讲。

（师读）

师：他们的愿望和我们的一样吗？

生：不一样。

师：不管遇到多么悲伤的情况下，生活依然要继续，他们的愿望竟然如此的简单。简单就可以让自己的生活变得更快乐起来。好了，魔法出现了吗？谁来猜？

生1：魔法出现了。

师：那个冰淇淋过来了，10个球的冰淇淋！哗啦哗啦，一口气吃完它。

生2：虽然魔法没有出现，但是在小象和大象舅舅的心里魔法已经出现了。

师：说得真好！我们一起来看看魔法究竟出现了没有。（继续读故事）

师：跟你们猜的一样吗？你猜到灯里面是蜘蛛吗？

生：没有。

师：完全出乎我们的意料。那现在李老师请你继续说出你的发现，作者写故事，除了写出精彩的对话，他还有什么秘诀值得我们学习？

生1：作者丰富的想象力。

生2：作者丰富的幽默感。

生3：作者往往写的是我们无法想象的。

师：无法想象的，也就是说作者在进行故事的讲述的时候，他的情节的安排总是出乎我们的意料。看来，我们读故事的时候，除了发现故事当中的内容令我们感动，还可以试着去发现作者写作的一些秘诀。这个作者带给我们的秘诀就是写故事的时候，可以写一写人物的对话，尽量要让故事的情节出人意料。做到了这两点，你也可以写故事。

刚才我们读的这5个故事都是出自同一本书，这本书的名字叫作——（展示PPT）

生：《大象舅舅》。

师：这本书里一共有九个故事，我们刚才读了其中的五个故事，还有四个故事没有读到，一起读读这四个故事的名字。

生：《大象舅舅开门》《大象舅舅讲故事》《大象舅舅写一首歌》《大象舅舅关门》。

师：现在我们来挑战罗北尔，他是这本书的作者，是美国最了不起的为孩子们写书的作家之一。我们就用今天学到的他写故事的两个秘诀，从剩下的四个故事当中，任选其中的一个来写，说不定，你会比罗北尔写得还要精彩。你想选哪个故事？

生 1：我想选《大象舅舅开门》。

生 2：我想写《大象舅舅讲故事》。

生 3：我想写《大象舅舅写一首歌》。

生 4：我想选《大象舅舅写一首歌》。

师：每个孩子在心里选好自己的故事没？

生：选好了。

师：那我们就约定：今天回家以后，你就选一个故事来写，写了之后给李老师看。好不好？

生：好！

师：这节课我们就上到这儿。

【名家点评】

基于尊重的课堂建构
——李海容《精彩的对话，出乎意料的情节》
课堂评析

成都市教育科学研究院　罗良建

李海容老师的这堂课，我不是第一次听。

第一次听这节课，是在重庆大礼堂全国第四届儿童文学及小学语文创意教学活动上，她和台湾小语会的秘书长赖玉连老师"同课异构"，是给二年级的学生上课，给我留下了深刻的印象。活动结束后，我要到了她这节课的视频，回去后又反复学习。第二次看的是视频课，是小学语文教学设计杂志社委托我给赖玉连老师、李海容老师的课写课评，这一次我看到的课堂实录是李海容老师给四年级的孩子上的，上法跟二年级完全不同，重点指向的是写作。今天我们现场看到的这节课又不一样了，是给三年级的孩子上，上的方法又不一样。透过《大象舅舅》故事背后的这些故事，我们看到的是李海容老师的一种精神，一种不断研究、不断实践、不断探索的精神。她的每一次课，都会给听课的老师带来诸多启示，而她给我最大的启示在于：不同年段的孩子，给他们上什么内容？都是群文阅读，群文阅读的背后有什么不同？

今天的这节群文阅读课，真是独具匠心之设计，体现了三个尊重。

一是尊重儿童，实现儿童心理的积极建构。因为儿童是希望快乐的。大象、小象的悲伤也罢，痛苦也罢，跟我们课堂上的几十个学生没有关系，有关系的是我们现场的课堂给儿童的是快乐而不是故事一开始的悲伤。因为儿童进不去，他们体验不了，体验不了父母失踪的那种孤独、那种思念、那种痛苦。因此，李海容老师的设计不是让学生去过多地体验故事的悲伤，而是变回儿童去教儿童。不要小看这个设计的颠倒，这背后是基于儿童心理的建构。比如，她在完成孩子阅读后的交流，是在孩子你一言我一语、孩子真实的参与的基础上，一种真实的反应和积极的建构。这种建构也体现了儿童在课堂的积极的发展。所以说，今天李海容老师的课堂是尊重儿童，实现儿童心理的积极建构的课堂。

第二，尊重文本，实现文本意义的建构。意义建构不是那么简单的。课堂上，需要你用文本来教群文阅读，来实现围绕一个议题的意义建构。文本怎么处理，不简单。如果说我们的文本，发给我们的资料就是六个小故事，这六个小故事再加上一个结尾，就是非常 6+1，这非常 6+1 是怎么梳理的呢？是怎么分组的呢？李老师用的是表格梳理，帮助学生去把文本读懂，对文本的意义进行梳理。这种梳理是非常有必要的，是进入故事的一种方法。前面三个故事是布置学生回家读的，然后奖励学生一个故事，去读大象舅舅感觉疼痛的部分，然后又奖励听了两个故事，一个是录音，一个是老师读。她就通过这样的一读一听，把学生昨天的阅读和今天现场的阅读联系起来了，从昨天的意义建构变成了今天的完形填空，把故事要告诉我们的起因、经过、结果基本上都梳理完整了。但是阅读还没有结束，她又进一步引导学生去读剩下的四个故事，去完成新的填空。一节课下来有方法，有步骤，有重点，而且余音绕梁。

第三，尊重认知，实现了思维发展的建构。这种思维的建构充分运用了三个字：我发现。前面让学生自己去发现故事的主要内容和写作的秘妙，发现小象的快乐以及背后的哀伤，还有人物之间的相互温暖。这是第一个层次的思维，这个思维是从哪里来的？是从情感来的。因此，思维的建构是离不开情感的，情感只是内容，然后它要回到形式，那就是作者讲故事的秘密，那就是对话，那就是悬念。让学生来写，让学生来交流，最后让学生选四个故事中的一个来写。你看，这是三年级，三个介入，三个尊重，我认为非常符合三年级小朋友的心理特点。所以说，我认为这节课是一节非常好的群文阅读课，它打破了原来我们认为群文阅读课就是从不同的书里面选几篇文章来教，它是从一本书里选取几个独立的故事来建构一些东西，那就是建构儿童心理、建构文本意义、建构思维的发展。

《我是白痴》整本书阅读导读课

我的思考：让思考成为阅读的习惯

读书的目的不是为了记住，而是为了思考。

王林博士说："完整的语文阅读，应该让学生经历单篇、群文、整本书的阅读过程。"

统编版教材的编写体例特点之一，就是将课外阅读课程化，把整本书的阅读纳入了教材体系。自此，整本书的阅读堂堂正正走进了语文课堂。

作为与单篇阅读截然不同的整本书阅读，显然应该有自己的阅读策略与方法。梳理、连接、比较、统整，在对文本的比对读议中提升学生的高阶思维能力，引导他们从作品中学会独立思考与自我内省。

整本书的阅读不应该成为一种噱头，更不应该成为鸡肋。它应该成为师生学习语文的重要途径。许多一线老师都在积极探索。

我和工作室的老师尝试着用群文阅读的结构化理念来引导学生读好一本书，通过对整本书的阅读，培养学生良好的阅读习惯和品质，掌握相关的阅读策略和方法，学习用不同的方法阅读不同文体的作品，提升阅读品味。在阅读中积累和发展语言，培养学生独立思考、综合思考、反思评价等多元思维能力，促进学生语文核心素养的养成。努力培养学生的社会主义核心价值观，落实立德树人根本任务，发展健康个性和审美情趣，逐步形成积极的人生态度和正确的世界观、价值观。同时在整本书教学过程中，有意识地引导学生用群文阅读的结构化思维方式交流阅读所获，尊重并吸收多元文化的营养，汲取人类优秀传统文化的智慧，让学生在阅读中学会阅读，在阅读中学会思考，提升阅读品位和阅读素养。

选此书执教，有诸多原因。作者用第一人称的表达方式，讲述了一个名叫彭铁男的智能迟缓的孩子在学校、家庭、社会生活中遇到的各种人、各种事。在他的世界里，没有痛苦，只有单纯的"快乐"和"害怕"。在他身上发生的一切不公平，都被他纯真善良的心灵化为云淡风轻。这本书叙述的语调朴实自然，让读者读完故事后，内容字句持续在心底发酵，久久无法忘怀，并引起深刻的反思。这是作者王淑芬最钟爱的作品，也是她学生时代一段难忘友谊的记录。她之所以写这个故事，就是想替那些智力发展比较迟缓的人说几句话："请你不必嘲笑我，因为我听不懂；请你给我一些帮助，让我多认得几个字，学会一两样本事。"只要给这些弱势者一点点爱和包容、一点点尊重，就能给他们继续生存下去的无限勇气。

一次偶然的机会，和《我是白痴》的作者王淑芬老师相识。因为阅读她的作品，有了很多共同的语言。于是盛邀淑芬老师到我的学校和老师们聊阅读的策略，她欣然应允，在百忙之中抽空来到了我的学校，走进了我们的课堂。我和工作室成员陈明华老师共同执教了《我是白痴》这本书，我上导读课，明华上分享课。作家、作品、老师、学生共聚一堂，在课堂上会碰撞出怎样的火花呢？以下为此次课的课堂教学实录。

【教学实录】

师：那这节课来了这么多老师，李老师呢，也给大家带来了一个朋友，是谁呢？他藏在文字当中。请大家快速地浏览。

师：请你来告诉我这个朋友给你留下的最初印象是什么？

生：就是李老师带来的这个朋友给我留下的最初的印象是很不爱学习的一个学生。

师：嗯，这是你的直观判断。有没有其他孩子有补充？你来。

生：我认为那个学生非常喜欢开小差，不是很喜欢听课。

师：哦，你的看法跟前面一个同学很接近。还有没有孩子从刚才的阅读当中捕捉到相关的信息？你来。

生：他是一个上七年级的学生，然后他经常上课用力听讲，但是就是不懂。

师：我让文字再现，刚才这位同学说到他是几年级的学生？

生：七年级。

师：七年级就是我们现在的初中一年级的孩子，你来告诉我，这一个孩子，这一个学生，跟一般的孩子一样吗？

生：我觉得故事里的学生他跟其他的学生并不一样，因为其他学生老师上课的时候都能听得懂，但是他却不能。

师：还有没有补充？

生：还有他上七年级了，他还只是认得中大一这几个字，所以我觉得他跟其他学生不同。

师：嗯，这个不同就表现在这一个七年级的孩子，他只认得几个字？

生：三个字。

师：哪三个字？

生：中大一。

师：上七年级了，他也会写字，只会写三个字，那三个字是——

生：中大一。

师：所以我带来的这个朋友给你留下的最初的印象就是——

生：我觉得他给我的最初的印象是给人一种很笨的感觉，怎么学都学不好。

师：同意吗？

生：同意。

师：那你们知不知道这个孩子叫什么名字？不知道，来，读出来。

生："我叫彭铁男，不过多数人叫我白痴。"

师：他有名字，他的名字叫——

生：彭铁男。

师：他是一个跟我们不太一样的孩子，周围的大多数人把他叫作——

生：白痴。

师：彭铁男，一个被别人称作白痴的孩子，是一本书当中的主角。李老师请问你，如果你是作家，你来写这本书，你会写彭铁男和哪些人的故事？

生：如果我是作家，我会写彭铁男和他的老师的故事。

生：我会写到彭铁男的朋友。

生：为了突出彭铁男的白痴，我会写他的一个学霸同学。

生：我觉得，我还会写他的父母。

生：我觉得可以写欺负彭铁男的人。

师：这是你们想写的跟彭铁男有关的人物。现在我们来看一看，作家写了多少个故事？

生：30 个。

师：看一看这 30 个故事的题目，你对哪个故事比较好奇？为什么？

生：我对第 29 那个"爱心第一名"比较好奇，因为他本来就是被别人称为"白痴"的人，但是他竟然还是第一名。

生：我对那第 20 个"就是白痴也会生气"的故事很好奇。彭铁男是被别人称作"白痴"的，但是他为什么会生气呢？谁惹到他了？

师：哦，白痴怎么会生气？你感到好奇是吧，还有没有孩子呢？

生：我对 27 的那个比较感兴趣，因为他自己都说自己是个白痴，可是他还说自己有前途。

师：你的意思是白痴就不应该——

生：有前途。

师：可是这上面却说白痴觉得自己很有前途，这太让人想一探究竟。

生：我认为我对第 17 个故事很有兴趣："视力检测"。因为我刚刚看到前面那个故事里介绍，他连黑板都看不到，而他的视力检测会不会也是考得很差呢？我很好奇。

师：孩子们一看这个故事的题目，就有了好奇之心。根据这30个故事，你来推测一下，作家可能写到哪些人物呢？跟你想写的是不是一样的，你觉得。

生：我觉得作者会写到欺负他的那些人物，因为"就是白痴也会生气"这个题目告诉我们肯定是谁惹到他了。

师：有欺负他的人，跟你们想的一样。

生：我觉得还有同学，因为 12 个故事是"英文补习班"，补习班应该有同学，所以说应该有同学。

师：好请坐，我喜欢四班的孩子，说话清清楚楚，而且非常有条理。

生：嗯，我觉得还可能有学霸，因为第 14 个题目是"英雄与白痴"。我觉得这里的英雄就是指学霸。

师：哦，我不知道是不是。可是我要告诉你，这个英雄不是学霸，很好奇吧，自己去读。

生：我认为里面有家人，因为，请大家看到第 26 个题目，那位跌倒的妹妹就是他的家人，所以我认为有他的家人。

生：我觉得他应该要写一些和自己比较要好的朋友，第 6 个题目是"送给跛脚的"，既然是送的话，那肯定是送给朋友，而且根据此推测，他有个朋友叫"跛脚"。

师：那个字念什么？pǒ吗？

生：bǒ。

师：bǒ，对，孩子那个字念什么？跛（bǒ），你看，他会根据文字表面然后去推测这个人竟然是他的什么人？朋友，而且这个朋友呢，是跛脚，你肯定想读这个故事，是不是？还有一个想说的，你来。

生：我觉得应该还有老师，因为第 18 个题目是"我讨厌月考"，只有老师才会让你做卷子。

师：哦，听到没，只有老师让你做卷子，那家长会不会让他做卷子呢？

生：也有可能，因为要复习。

师：也有可能，但是那叫不叫月考呢？

生：那就不叫月考了。

师：嗯，所以你从这儿推测，可能写到了什么？老师，来，孩子们看，没有看到作者的题目的时候，你们推想作者肯定写到了彭铁男的老师、同学、家人。看了题目之后，我们推测他还真的就写到了老师、同学、家人，所以你们厉不厉害？

生：厉害。

师：跟作家想的都差不多了，好厉害。那好，既然可能写到了老师，我们就来看一个和老师相关的故事——《发数学考试卷》，想象一下会发生什么事情？

生：我认为他可能全都会写一，我在刚才的题目中看到一个题目叫作"全都写一"。

师：恩，你看，他从前面的信息里边，一下子联想到了这个问题的答案，会思考的孩子，有没有同学有不同的推测？

生：我认为他可能是看不懂这些数学的考题，于是到时间了就交的白卷。

师：可是孩子们请看哦，是发数学考试卷，说明这个卷子交上去了，然后又——

生：发下来了。

师：好，你来补充。

生：其实我觉得他这一次可能是得了第一名。因为我从那个题目可以看出他说是爱心第一名，爱心他可能是特别珍惜的，所以我觉得这一次他可能是考了第一名。

师：一生当中唯一的一次第一名，是吧？有可能，还有吗？最边上的孩子你来。

生：我认为他可能因为错得太多了，被老师罚抄卷子了。而他又是个白痴，只认识中大一三个字，所以他又抄不了卷子。

师：哎呀，我觉得你也是个会联系前后文思考的孩子。彭铁男不会抄卷子上的字，然后就满本全部写的是——

生：中大一。

师：究竟是怎么回事呢？想不想知道？

生：想。

师：好，李老师给你们读这个故事。用你的耳朵来听这个故事，看一看究竟发生了什么事情。

师：捧书读故事——见附件材料（二）。

生：这个故事说的是彭铁男考试得了零分，老师发试卷的时候很生气。

师：老师说要"教你一些绝招，保证你不会得零分"，你猜老师会教他什么绝招？

生：我觉得老师至少会让他不会做的题都写一个数字，比如说都写一的话，可能还会保证有些地方会对。

生：老师也会教彭铁男判断题的话，可能全部打勾或全部打叉，说不定还会有一个让他蒙对。

师：这个办法不知道他的老师会不会用。还有没有其他的想法？

生：我觉得老师可以先把卷子提前给彭铁兰看一下，这样彭铁男就可能不会得零分了。

生：比如说老师先制造一个骰子，然后让他做选择题的时候扔骰子决定。

师：哎呀，还有道具进课堂了是吧？好，你们都是操心的孩子，替数学老师操了这么多的心，替他想了这么多的绝招，那位数学老师用了什么绝招呢？我不告诉你们，他的绝招就藏在这本书里边儿，自己去发现。好了，除了这个故事以外，李老师给大家还准备了两个故事，放在你的书桌内，把两张彩色的纸拿出来，看一看这两个故事当中的人物，他们对待彭铁男又是怎样的态度。快速浏览，我看谁可以在很短的时间内读完这两个故事。

师：第一个故事当中，是谁跟彭铁男发生的故事，告诉我？

生：是彭铁男的同学丁同。

师：丁同对彭铁男的态度是怎么样？

生：我觉得他对彭铁男的态度是看不起的。

师：不仅仅看不起，不只是看不起，他还怎么样？

生：我觉得他还在戏弄彭铁男。

生：我觉得他很蔑视彭铁男，认为他很好欺负。

生：我，我觉得丁同是很讨厌彭铁男的。

师：嗯，这个丁同学，他就是在欺负彭铁男。来看这几句话："我不知道怎么办才好，我就大声哭起来。"

师：接下来会怎样呢？谁来推测一下。

生：我觉得可能就是老师进来了，发现了丁桐的恶劣行为，然后就让丁桐给彭铁男道歉，还让他出钱买便当。

师：这下彭铁男有饭吃了。

生：我觉得班上的同学可能会责骂丁桐，即使别人不聪明，也不应该这样对待别人。

师：有正义感的同学挺身而出。

生：我觉得丁同的妈妈一定很爱丁同，才会把丁同惯成这个样。他妈妈看到彭铁男向丁同丢水壶，一定会责问老师，为什么要把不正常的孩子和正常的孩子放一起？

师：哎哟，把家长都牵进来了，这个问题有点复杂了。我不知道故事后面会不会这样去发展，究竟会变成怎么样？我们留一个问号在这里，下课后你们慢慢去读故事。

师：《妹妹跌倒了》这个故事当中，妹妹对待彭铁男是什么样的态度？

生：妹妹对待彭铁男就是很凶的那种态度。

生：我觉得妹妹还是很讨厌彭铁男的，因为她摔倒了，彭铁男去扶他的时候，她就很凶地告诉他走开，所以我觉得妹妹是很讨厌彭铁男的。

师：你读出了妹妹对哥哥的不喜欢。

生：我觉得妹妹是很霸道的，还有她想远离彭铁男。

师：她对哥哥是满满的嫌弃。我们回过来看彭铁男，你读到一个什么样的彭铁男呢？

生：我觉得彭铁男是十分可怜。

生：我觉得彭铁男还是十分弱小的。

生：我觉得彭铁男是坚强的，因为他经历了这么多，还是没有自暴自弃，就在家里待着，而是坚持来学校上学。

生：我觉得彭铁男还是有尊严的，因为丁同那样欺负他，但是他还是可以用水壶去扔、去打丁同。

师：我们读的是其中的三个故事，当你把这一本书读完的时候，彭铁男是一个什么样的孩子？你还可以去增加很多很多的词语来描述他。故事当中的其他人物对彭铁男究竟是怎样的态度？读完一本书以后，你也可以有更多的发现。

师：读了这三个故事片段之后，你有没有发现作者在讲故事的时候有什么特别的地方？

生：他是用第一人称来写的，他大部分是写彭铁男的心理活动。

生：我觉得还有语言，比如说，发考试卷的时候，那个老师非常生气地说的那些话呀，让我感觉身临其境的样子，好像真的听到那个老师在说话，很生气地在吼一样。

生：我觉得作者写故事并没有用什么很华丽的语句，都是用一些很朴素的话，但是却表达了真情实感。

师：嗯，有道理。读完了三个故事，我们觉得彭铁男生活得很痛苦，不开心，可是，彭铁男自己却说——

生：我每天都很快乐。

师：你们有没有问题？有，肯定有。现在不说，下来写在你的阅读预习单上。这一本书一共有 30 个故事，这 30 个故事已经写完了，放在这儿了，如果你要给这个这本书取一个名字，你会给它取个什么名字？你来。

生：我觉得就以第一个故事《我是白痴》就行了。

师：嗯，为什么？

生：因为我也读过很多书就是以第一个故事的题目命题的。

生：如果我取名字的话，我会取《快乐的"白痴"》，再把那个白痴打上引号。这种自相矛盾的题目容易引起读者的兴趣。

生：我就觉得可以取名为《你好，白痴》，因为读者看了这个书名之后肯定就会想，哎，到底这个白痴是谁呀？你为什么要跟他打招呼呀？白痴都是大家很轻视的，为什么你还要这么关注他？

师：哇，好有温度的一个书名啊，嗯，不错不错，你来。

生：我觉得可以命名为《上了七年级的白痴》，因为他上了七年级，就不可能是一个白痴，白痴的话不就可能上得了七年级，而且还是初中。

生：如果我是作者，我会给他取名字就叫《白痴眼中的世界》，因为这个作者是以第一人称来写这个故事的，所以我就想取这个名字。

师：哦，一个很有哲理的书名。你们的确不能小瞧，很会思考。之前想的人物跟作家写的很接近了，给书取名字呢，也很有自己的想法。你们已经超越了一般的读者了。想不想知道作者取的什么书名？

生：想。

师：找这个最近的同学来。你来把这本书打开，大声告诉大家。

生：《我是白痴》。

师：为什么叫这个名字？我不知道作者是跟你想的一样呢？还是有别的想法。你们看了前面的这几个故事以后，推测一下，写出这样文字的一个作家可能是一个多大年纪的人，你猜一下呢？

生：我觉得应该是二三十岁的，从大学刚毕业的那种作家。

师：对。才能写出这样活泼的文字是吧？嗯，我也这样想。你呢？

生：就是我有一点不同意这位同学的意见，因为我觉得应该是一位老人，因为老人经历过很多的事情，有很多的阅历，他会很了解这些人，所以我觉得应该是位老人。

师：经历了世事沧桑、世态炎凉的老人才能写出这样的作品来，有道理。

生：我觉得这是一位中年人写的，我觉得他是很怀念他之前的童年时光，所以我觉得这是个中年人写的。

生：我觉得我跟她的意见相反，我觉得应该是一个高中生或者大学生。因彭铁男刚刚上初中，而我觉得写这篇文章的应该是他身边的一些人，对彭铁男很了解，所以说我觉得应该是他身边的人。

师：你们回头看一看，教室后面坐着的这一排老师里面，谁最像那个作者？

生：我觉得第一排最右边的那个叔叔，我觉得他就像经历过这种事情。

师：有可能，他就是彭铁男的同学是吧？但他一定不是那个丁同，是不是？好，还有谁？你来推测一下可能是谁写的这个故事？你来。

生：嗯，我觉得是第一排最左边的那一个老师写的。因为我觉得她人看起来是那种挺善良的，就感觉她如果是彭铁男的同学，会很照顾彭铁男的那种。

师：哦，会照顾，看我们五四班的孩子，真了不起哦，你们看人可以识作者。《我是白痴》这本书有好多好多的插画，如果你是画家，你想把彭铁男画成什么样子？

生：我觉得我要把彭铁男画成圆头大脑的样子，因为我觉得笨蛋差不多都是那个样子。

生：我要把彭铁男画成很小，因为他只会认中大一，所以他的脑袋里面全都没有知识，所以我要把他的头画得很小。

师：哎呀，这就奇怪了，一个要把脑袋画得很大，一个呢又觉得要把他的脑袋画得很小，矛盾了。大呢，是觉得笨了就大脑袋，小呢，你笨就应该是小脑袋。那究竟是大还是小，我也糊涂了。好，还有同学有想法。

生：我想把他画成一个呆头呆脑的感觉，胖胖的一个小男孩，我觉得胖胖的就给人一种有些笨笨的感觉。

师：哎呀！胖人又躺枪了，难道胖胖的就是笨笨的？你说的。

生：我会把他画成一个正在傻笑的胖小子，感觉头脑不灵光的那种。

　　生：我觉得我要把他画成一种憨憨的感觉，然后又是一个趾高气扬的样子。

　　师：我们一起脑补一下这样的一个彭铁男，究竟是什么样子的呢？很期待。

　　生：我会把他画成一个很矮小的形象，如果他很高大，别人欺负他的时候他就会还手；他很矮小的话，他就不能向别人还手这种。

　　师：书中的彭铁男究竟长什么样呢？一起来看看。这是彭铁男写中大一；这是跟英语老师学发音的彭铁男；这是每天都给班上打开水的彭铁男；这是捧着老师的水杯跑得飞快的彭铁男；这个是数学卷子零分的彭铁男；丁同欺负的彭铁男。你看，插画家彭婷把彭铁男画成傻傻愣愣的小眼睛、稀稀拉拉的短头发，跟我们有的孩子心目当中想画的彭铁男竟然不谋而合。跟他有差异的也没关系，因为你读书的时候透过文字读到的彭铁男，你把他画成什么样子，他就是什么样子的。

　　师：《我是白痴》这本书是著名的儿童文学作家王淑芬老师写的，这是一本书名怪怪的书，作家王淑芬老师告诉我们，要用特别的方法来读。

　　王：（视频）各位大小朋友们，我是王淑芬老师，很高兴跟大家以视频的方式来交流。王老师最近看了一部电影，电影里面有一句话说，如果一个人要在正确和仁慈之间做选择，请选择仁慈。意思是说我们应该对这个世界，能够多一点仁慈，多一点同情。淑芬老师写了这本小说，《我是白痴》，其实要讲的就是这一件事情。对这个世界，多一点同情，多一点仁慈。《我是白痴》，书名听起来很好笑，事实上第一次读，可能也觉得还蛮好笑的。因为有很多的情节，非常滑稽，真的是会让人笑出声来。可是呢，王老师还是希望你能静下心来再读第二遍。第二遍的时候请你想想，会让你觉得很好笑的这些情节为什么好笑？为什么会有这样的效果？是因为这背后有人跟人相处之间的哪些点而引起的这样很扭曲的效果呢？希望大家能够带着一种看世界不一样的眼光，从此以后你看所有的人请你多一点仁慈，多一点同情，多一点帮助。

　　师：淑芬老师告诉我们这本书要读两遍。课堂上你们有两次都想举手，你们都有问题想问对不对。我没让你们问，你们把问题留在这个阅读单上，阅读前有问题，可能阅读中有问题，我们在读完之后可能还会有问题。下一节交流课的时候，你可以依据我们的阅读单上的内容，跟同学交流交流。这节课我们就上到这儿，下课。

附 1：文本资料

阅读材料（一）

我上七年级，我是七年级二班的学生。

我也想好好读书。老师上课时，我都坐得很直，用力地听，但是都听不懂；黑板上写的，也看不懂。所以，有时候，我就会睡着。

以后我不可以睡了，我要好好读书。

我就开始好好读书。上历史课时，我拿出课本，用手指着上面的字，一个一个往下数；数到一百，再从一开始数。我认真数，就没有睡。

历史老师在黑板上写满了字，同学都把它们抄在课本上。我也赶快拿出笔，用力看，终于被我找到三个认识的字。我低下头写"中""大""一"。

我还想再找认识的字时，历史老师已经擦掉，又重新写别的了。

我没事干，就用铅笔帮课本上的人画胡子，还给他带手枪。我这样画，妈妈一定会骂，所以我又用橡皮擦擦掉。我再找黑板上认识的字，又给我找到了，还是"中""大""一"。我赶快抄到第二页。

这一节课，我没有睡着，我很高兴。

阅读材料（二）

其实我并不怕挨骂，但是，如果人家骂我，而我不知道他在骂什么，就会怕。

像现在，杨老师气呼呼的样子，我就很害怕。全班的同学可能也在怕，因为每个人都低着头，安安静静的。

老师的声音非常高，跟平常不一样。她一面翻动讲桌上的考卷，一面大声喊着："七十二、五十八、三十三……哼！月考考这种分数。"

她翻到最后一张了，她的声音也变得像在唱戏："零分！鸭蛋！

彭铁男，你为什么在我的班级？"

我也不知道为什么，是学校的人分的。

她又大声说："这一次复习考，我们七年二班总平均排在最后第一名。当然，彭铁男贡献最大。"

她把那张考卷扔下讲桌，好像要哭了："被其他老师笑……我真倒霉。"

我虽然害怕，还是走上前去把考卷捡回来。那是数学考卷，上面除了写着我的名字，其他统统空白。

本来，我也想在上面写一些字，可是，不知道该写什么。想了很久，铃声一响，考卷就被收走了。

下课时间，杨老师好像不生气了。她喝下一大杯开水，挥手叫我去。

她指着考卷，告诉我："彭铁男，明天是月考，老师教你一些绝招，保证不会零分。"

阅读材料（三）

"老师，拜托啦！我们不是幼儿园，是七年级生吔！"丁同大声地向美术老师抗议。

刚才，美术老师发给我们一张红色皱皱的纸，说要做一朵康乃馨，当母亲节礼物，送给妈妈。

美术老师瞪着眼睛，问丁同："七年级生就不必孝敬妈妈吗？你的妈妈真是白养你了。"

丁同就没有说话了。他低下头，用力地拿剪刀剪纸。

我喜欢上美术课，我拿着剪刀小心地剪纸。还要剪成尖尖的边，再绑起来，变成一朵花。可是我的纸没有变成一朵花，最后变成四片破破的纸。

老师走过来，看了看，说："你剪错方向了。"

老师很好心，就帮我剪，然后叫我自己绑。

我学别人把剪好的红纸叠一叠，抓起来绑。看别人做好像很简单，但是我的纸特别奇怪，怎么样也抓不好。

"彭铁男，你抓好，我帮你绑。"班长林佳音走过来，手里拿着铁丝。

我不好意思地抓着纸，让她在我手上绑来绑去。她长得这么漂亮，又好心肠；我好想请她到我家去吃面，我会叫妈妈给她的面加三粒贡丸。

可是我不敢说话。她绑好了，再把纸弄一弄，就变成一朵花了。

"你要把花送给妈妈，知道不？"她又教我，送花的时候，要说："母亲节快乐。"

她叫我练习几遍，确定我已经背起来，她才走开。

"跛脚"也做好了，他的花很大，像个大碗。他对我说："我的妈妈很可怜，为我吃过不少苦。"

我知道什么是"可怜"，就是会哭的那一种。

他又说："彭铁男，你的妈妈也一定为你吃过不少苦。"

我其实不知道妈妈吃什么，我有看过她吃饭和面。有没有吃苦，我也不晓得。

放学的时候，我把花拿在手中，一直背："母亲节快乐。"丁同走过我身边，把他做的花扔进垃圾桶。

他回头看看我，说："白痴，赶快把花送给妈妈，好让妈妈喂你吃奶。"

他大概不知道，我已经没有在吃奶了，现在我都吃面。他是不是没有妈妈，才把花丢掉？

不过，我没有问他。我如果说别的话，会把刚才背的"母亲节快乐"忘记。

回到家，妈妈正在煮面，店里有三个客人。我把红色的纸花递给妈妈，说："母亲节快乐。"

妈妈吓一跳的样子，把花塞进围裙口袋。

有一个客人说："你儿子孝顺哟！"

妈妈就说："哪有喔，不要给他气死就好。"

可是妈妈笑笑的。

第二天早上，我看见妈妈的围裙红红的。原来那种皱皱的纸会褪色，把围裙染脏了。我告诉妈妈，妈妈却说："没有关系。"

她把纸花拿出来，看了又看，再放回口袋。

过了很多天，那朵花一直放在她的口袋里。

下次还要再做一朵花送给她。

阅读材料（四）

玩球的时候，我都是站在"跛脚"旁边，如果有球丢过来，我会替跛脚把球挡住。可是，等了一节课，都没有人传球给我们。我和"跛脚"只好一直讲话。

后来，体育老师说要考试。他吹哨子，告诉大家："每个人围着操场跑一圈，我要计时间。"

于是，全班同学就按照号码开始跑。

体育老师叫我和"跛脚"最后跑，这样才不会浪费大家的时间，我觉得体育老师很好心。

轮到我和"跛脚"了。丁同一直说："老师，让我们先回教室吧。他们两个要跑到哪一年呀？"

体育老师很凶地说："你的意见很多哦！"

"跛脚"站在起跑线上，轻声对我说："彭铁男，这是要打分的，你不用陪我了，你自己要跑快一点儿。"

他想了想，又说："你其他的科目成绩不好，不要连体育都不及格。"

我点点头。

老师哨子一吹，我和"跛脚"就开始跑。"跛脚"很用力地跑，他屁股扭得很快，样子很好玩。不过我不会笑他，因为他是很认真地跑才那么好笑的。

我听见同学们在笑。我看看"跛脚"，他嘴巴闭得紧紧的，汗从头顶滴下来，滴在他的睫毛上。不知道的人，一定以为他在哭。

"你快跑，不要等我，白痴。""跛脚"突然骂我。

于是我就很快地往前冲。

我冲过一年级教室，冲过司令台，又冲过体育老师，一下子，又冲过"跛脚"身旁，他还在用力地扭着屁股。

我听到体育老师在背后叫我："跑一圈就好了。回来！可以啦！"

我又一次冲过一年级教室，冲过司令台，然后又冲到体育老师面前。

"你这个白痴，我不是说跑一圈就好吗？你跑两圈做什么？"老师骂我。

我喘着气，回答老师："我多跑一圈，是要送给'跛脚'的。"

这时候"跛脚"才刚刚跑到凤凰木那里。

老师忽然笑起来，摇摇头："你真是……"

他没有再骂我白痴。

阅读材料（五）

我的妹妹彭秀秀很凶，她对我讲话很凶，对爸爸、妈妈讲话也很凶。可是，她如果有好吃的东西，会请我。像她上次买一包鱿鱼丝，有请我吃一条。所以，我对她没有生气。而且，妈妈常讲："你妹妹是世界上和你最亲的人，以后爸爸妈妈死了，你就要靠她。"

妹妹每次听到这句话，就说："我怎么那么倒霉？"

爸爸就会骂她："成为一家人是八辈子修来的缘分，要珍惜。"

妹妹就嘟嘴，变得很丑，说："原来是倒了八辈子的霉。"

妈妈叹气了，她一直摇头："不要以为你聪明，就敢顶嘴。哥哥虽然比较笨，却很听话，比你好多了。"

妹妹就不讲话了，瞪着我。

她又告诉妈妈，说她将来不想和我读同一所中学，会交不到朋友。

妈妈听了很气："外人重要，还是哥哥重要？连你都看不起自己的哥哥，他不是太可怜了吗？读了那么多书，这一点都不懂！"

每次，我们到外面去，妹妹都小声警告我："不要让人知道我是你妹妹，离我远一点。"

我就不敢和她站得很近。

　　星期六下午，妈妈装了一篮柳丁，叫我和妹妹送到阿姨家。妹妹走到巷口，就用塑胶袋分成两包，一人提一包。她说她要走在前面。

　　我们经过公园，有人在玩球。阿生看到我，就叫我一起玩。我赶快摇头："不行，我和我妹妹……"我忽然想到，妹妹不喜欢我讲她，所以，我就又大声说："我要送柳丁去阿姨家。只有我，我妹妹没有。"

　　妹妹在前面，走得很快，可是，她有听到，回头瞪我一眼。这样讲，她也生气，我实在没办法。

　　妹妹要转头继续走时，忽然摔倒了。她跌在地上，柳丁一直滚来滚去。

　　我赶快跑过去。可是，妹妹有叫我不能靠近她。所以，我就又跑回来。

　　我站在公园的溜滑梯旁边，不知道应该怎么办。

附 2：

我的阅读问题单

姓名：　　　　　日期：

书名：　　　　　作者：

我的问题：

　　阅读前：

　　阅读中：

　　阅读后：

我的阅读交流单

(《我是白痴》作者王淑芬设计)

如果让我送给这本书一个奖，我会颁给它（　　　　）奖。 我最喜欢这本书第（　　　）页的插图。
这本书，有几个地方我很喜欢：   这本书，有几个地方我不太懂：
我最欣赏本书哪个人物？最不喜欢哪个人物？请给他一句评语。 最欣赏：　　　　　评语：这个人很（　　　　　） 最不喜欢：　　　　评语：这个人太（　　　　　）
如果让我挑一个书中人，当我的好朋友，我会选（　　　　）； 理由是（　　　　　　　）
本书有哪几篇令我捧腹大笑？哪几篇令我比较难过？
我猜，作者为了写这本书，必须去收集哪些数据：
看完本书，我最好奇的一件事是：

【名家点评】

"绕指柔"与"钙添力"
——观李海容、陈明华联袂执教《我是白痴》整本书阅读有感

四川省教育科学研究院 刘晓军

李海容校长联袂才俊陈明华执教台湾作家王淑芬作品《我是白痴》，是四川小语年度教研盛事。为了孩子的真阅读体验和精读体验，成都市金牛区锦西实验外国语小学精心策划，将作家请进教室展开多元对话，引导学生从"看热闹不知其所以云"升级为"奇文共欣赏，疑义相与析"。走进文本，走进人物内心深处，从设身处地到感同身受，从平面文字到鲜活真实的身边人物，欣赏评价，挖掘内蕴的"真诚"和"含蓄"，实乃幸事一件。

海容老师正在忙碌着，纷繁复杂的会务筹备就绪之后，就是她的闪亮登场。保持了一贯的睿智、素净、典雅、精准和从容。简单谈话之后，进入阅读指导。以每分钟 300 字的速度滚屏播出《我是白痴》的内容简介，交流"留下最初印象是什么，跟一般孩子一样吗"，获得对主人公"彭铁男"的不爱学习、开小差、年纪高、智力弱、愚笨等初步认知。基于学生已有的认知能力和审美情感提问："你会写彭铁男和谁的故事？"这是对天然的好奇心的唤醒，更是对"预测""联想"和"想象"等思维天赋的点燃。学生尽情猜测，猜到了老师、同学、邻居、父母家人、欺负他的人，等等，自然引出了对 30 个小故事组成的"目录"的快速浏览，不仅验证了之前的猜测，更在点燃着自主阅读的熊熊火焰……短短不到十分钟的阅读指导，海容老师将学生认知、作品规定性、审美

期待和阅读策略的使用等完美融为一体，有依据地不断揭示着"隐藏"的信息。基于封面、简介和目录的阅读获得成功，蓄积下跟进精读和验证的动机："等待着白痴孩子的将会是怎样的生活？"

一、从"面"到"点"

在整体感知后，如何进入细节和局部，常常考验着教师的智慧。海容老师举重若轻："我们读一个和老师有关的故事《发数学试卷》。"

换一种阅读方式吧，执教者开始朗读，学生们侧耳倾听："杨老师像在唱歌，彭铁男，鸭蛋！你为什么在我的班里？最后一名，贡献最大！被其他老师讥笑，真倒霉！可怜的孩子，我得教给你绝招——"

海容老师缓缓放下书，问："杨老师对彭铁男是什么态度？会采取什么'绝招'？"开始集体谈话，话匣子打开："杨老师对彭铁男是又气又恼又想办法帮忙！""全部选'1'，总能蒙对几道题！""掷骰子选答案呗！"……引发了思辨，就为自主研读埋下了伏笔。

没有纠缠过多，一起读第二个故事《白痴也会生气》，讨论："发生矛盾后，丁同是怎样对待铁男的，班上的同学是怎样对待铁男的？"有人质问老师："为什么要把不正常的孩子和正常孩子编在一个班级学习？"老师未置可否，没有表达看法，留给学生自己揣摩。这是整本书的导读课，导读的主要篇章，锁定的主要人物，梳理出具有整体性的典型人物形象，激起学生的同情心、正义感和探究欲。

第三个聚焦阅读的故事是《妹妹跌倒了》。妹妹对哥哥的态度足够"凶"，但彭铁男却多么希望自己能在"妹妹跌倒后"承担哥哥的责任和义务……其间包蕴着怎样的"笑比哭好"呢！

二、引发新思辨

30个小故事串联成整本书，3个故事勾连出老师、同学、家人与彭铁男的生活关系，任你铁石心肠，也会自然而然产生一种"淡淡的忧虑"和"深深的哀愁"，等待着彭铁男的是怎样的生活？"白痴"能否获得尊严，能否像鱼儿一样遨游在诗意生活之海？智慧教师这样帮助引导孩子形成新探究点。

1. "故事中只有这些人物吗？即便他们对铁男有这样或那样的看法和态度，但彭铁男却总是说'我每天都很快乐'，你觉得，人们的态度会发生变化吗？"

教师善于设置充满张力的议题，引发学生"真的建构性"和"善的预见性"，为自主研读奠定思维导引，提升精读的思辨强度，这就和"看热闹""囫囵吞枣"有着天壤之别。

2. 这本书作家讲故事的方式很有意思，从刚才的三个故事中，你都发现了什么呢？学生凭借直觉进行交流：第一人称叙述，语言生动，细节具体，心理活动真实感人，给人身临其境之感，毫不华丽，朴素去雕饰……

精选的 3 则故事极具代表性，不仅能整体梳理出主人公和身边各种人物的关系，更能真切展示出作家叙述故事情节、塑造人物形象、引发典型人物生存状态的思考，文笔纯粹源于情真意切的儿童本位表达，作家恪守"原生态"，努力克制着情感的肆虐，坚守着"本色表达"，静候着阅读者的"多元建构"和"达成主旨"。

3. 再次浏览目录，设问："30 个小故事汇编成一本书，应该取一个什么名字？"学生议论纷纷：第一，就用《我是白痴》作为书名，首篇为题，国际惯例。第二，《快乐的白痴》，矛盾的结合体，立意高远，充满阅读张力。第三，《你好！白痴》，语言命题，引发关注。第四，《七年级白痴》。第五，《白痴眼中的世界》……

教师善于将"旁观者"的"猜测""欣赏""评价"转化为"参与者的创造"，虽然我们并不奢求培养作家，但创造精神的培养却从未停止过。教者并未急于揭开谜底，而是最大限度地包容和赞赏着学生的"主体意识"的觉醒与张扬，帮助学生体验"在阅读中不断发现自己的精神存在与创造力"。学生的畅所欲言和多元建构，反衬出教学设计和实施的科学性和有效性。

4. 写出这部作品的作者是一个怎样的人呢？由文及人，学生瞬间再一次被点燃。生 1 说："20 多岁的活泼的年轻人。"生 2 说："历经沧桑的老人，最了解孩子。"生 3 说："中年人，怀念幸福时光。"生 4 说："高中生，大学生。"生 5 说："身边的亲人、朋友。"……其实作家就在我们活动现场，你仔细观察，可能是哪一位呢？

话题激起并唤醒了学生极大的探究欲望，在读文识人的基础上，学生在极其愉悦（思维强度大）的环境中，体验着"一种奔涌的思维激荡的研读氛围"，享受着"有效信息的快乐分享"，同时也高度艺术化地暗合并体验了朴素的创作真理——源于真善美，源于生活典型，怀着热诚合成"这一个"。

5. 链接《我不是白痴——后记》，你想知道什么？在你心目中，彭铁男是怎样的一个孩子？你想把彭铁男画成什么样的？生 1 说："圆头大脑，笨笨的样子。"生 2 说："头小小的，没有知识储备。"生 3 说："呆头呆脑，胖胖的，笨笨的，傻傻的。"生 4 说："爱傻笑，不灵光，头脑一片空白。"生 5 说："憨憨的，正直，仗义，有时候趾高气扬。"生 6 说："矮小的，瘦弱的，可怜的。"……出示封面，学生静默。

教师出示主人公的照片，个子矮小，稀疏的黄头发，纯真善良的眼眸。接着播放了王淑芬老师的访谈录，《我是白痴》需要用"一种特殊的方式来阅读"，因为在"貌似可笑的情节中"埋藏着"悲悯""同情"和"敬畏"，胸怀仁慈之心，善待世间万物。

三、导读"巧下金钩"

审视整节课教学设计和实施，教师恪守导读课教学的"度"和"分寸"。教师遴选出"富含思维、审美和精神含量"的作品，顺应儿童情趣。读本内容链接得体，适切于执教的学段、年级和学情，利于阅读兴趣的激发、阅读策略的实施以及阅读素养的整体提升。教师精准实施滚屏提速、听读悦耳、链接勾连形成原初判断等策略，组织帮助学生真切、生动地经历各种自读策略和集体研读分享方式，将所有的抽象教育目标都转化为充满感召力的"提问""话题"和"议题"，满足学生好奇心和想象力的野蛮生长，自然巧妙地体验作者的意识，最大限度地唤醒读者意识。从面到点，基于文本的"出"和"入"，随心所欲，课堂教学氛围良好，情趣浓郁，师生真诚交流，情感体验真切；与文本人物、情节、主旨、作者等展开多元、实质性对话；探究、分享意识浓厚，有链接、对比、统整、读者意识等高阶思维能力的培养与提升。

由衷赞叹，听课笔记本上写下这样几句："赏读而不挑剔，评鉴而不恼怒，庄重言说而不戏谑轻浮，从容导引情理兼得妙悟中。导读课巧下金钩助推深度自读，分享课发现真谛勾连出文学的审美本质林林总总。"

四年级群文阅读课《万花筒中看老鼠》

我的思考：诗意与现实的选择

　　这是我在四川省首届群文阅读种子教师训练营上执教的一节观摩课。在群文阅读教学中，要有意识地渗透质疑讨论的阅读策略，鼓励学生提出自己的问题，鼓励学生从不同角度有理有据地表达自己的观点，鼓励学生勇于坚持自己的观点又善于修正自己的观点，培养他们不盲从也不偏执的科学探究精神。选择做阿佛还是做另外的四只小田鼠实际上是一个关乎诗意与现实的哲学话题。对于四年级的学生，不要求他们得出一个定性的结论，而是一种经历，一种思维方式的经历。其实选择做阿佛还是做四只勤勤恳恳干活的小田鼠，是一个很难的哲学命题，要物质还是要精神生活？阿佛选择诗意的生活，而不是庸碌地只满足最肤浅的物质需要。但如果没有那四只小田鼠的宽容和支持，估计阿佛很难靠那些诗意度过寒冬。而如果没有阿佛的诗歌，四只小老鼠的生活也将一直灰暗下去。在这个世界上，它们都选择了最适合自己的方式生活，彼此依靠，相互支持，它们的生活才会在没有颜色的冬天也一样多姿多彩。

【教学设计】

教学议题：

《万花筒中看老鼠》。

教学内容：

《新群文读本》北师大版四年级上册《万花筒中看老鼠》:《老

鼠嫁女儿》《倒立的老鼠》《田鼠阿佛》《老鼠夹》《教室里的不速之客》。五篇文章，分别是不同民族、不同国家、不同作者的作品。每个作品中均有老鼠的形象，但风格迥异。《老鼠嫁女儿》——中国民间故事。故事中的老鼠夫妇温暖慈祥，爱心满满。《教室里来了"不速之客"》——一线教师自创作品。故事中的小老鼠淡定自若，处变不惊。《倒立的老鼠》——PISA 阅读测试文章。故事中的老鼠聪明反被聪明误。《老鼠夹》——巴西作家保罗·科哀略作品。故事中的老鼠胆小善良。《田鼠阿佛》——美国作家李欧·李奥尼绘本代表作。故事中的老鼠阿佛"诗意地栖居在大地上"。这些作品中的老鼠，有的就是生活中真实老鼠形象的再现，有的则是文学作品中代表不同形象的老鼠们。

教学目标：

1. 尝试群文共读与共享，体验不同阅读主体与不同文本间多维对话的乐趣。

2. 培养阅读中主动思考的意识，能拥有自己的观点，并能倾听和尊重别人的观点。

3. 通过生活与故事中老鼠形象的比较，初步感受生活与文学作品之间的微妙联系。

教学重点：

故事中不同老鼠的不同形象。

教学难点：

初步理解生活中的老鼠与文学作品中的老鼠的关联性。

教学准备：

用四种不同颜色的纸张印制故事文本；教学用 PPT。

教学时间：

40 分钟。

教学过程：

（一）聊聊生活中的老鼠

（板书"老鼠"）俗话说老鼠过街——人人喊打！你能说说人们为什么那么不喜欢老鼠吗？根据学生的回答，板书相关词语。

的确，在我们的生活中，大家对老鼠的印象并不好，以至于当人们在说到一些不好的人和事时，也总是借老鼠来说事。比如说：说一个人胆子特别小，会说他"胆小如鼠"；对于目光短浅的人，人们会说他"鼠目寸光"；对于鬼鬼祟祟、形迹可疑的人，则会说他"贼眉鼠眼"；形容狼狈逃跑的人，又会说他"抱头鼠窜"。

设计意图：对生活中的老鼠，学生都有一定的认知，但绝大多数是负面的评价，比如肮脏、讨厌、传播疾病等。让学生说说人们不喜欢老鼠的原因，意在唤起学生已有的生活体验，为后面认识故事中不同特点的老鼠埋下伏笔，挑起学生的认知冲突，从而帮助学生更好地认识生活中的老鼠与文学作品中的老鼠的关联。

（二）猜猜故事里的老鼠

生活中如此不受欢迎的这群小家伙，到了作家笔下，又会是怎样的形象呢？这节课，我们一起来读一组描写老鼠的文章，探究一下文学作品中的老鼠和生活中的老鼠有什么不一样。

（展示 PPT：五篇文章的题目）大胆地猜猜，三言两语说说每个故事可能会讲什么。

设计意图：猜测是阅读前的热身运动，是成功的阅读者应掌握的策略之一。望文生义，五个故事的题目本身对学生就颇具吸引力，超出他们已有的生活阅历。让学生根据题目预测，可以激发学生的阅读兴趣和愿望，使学生进入阅读前的积极状态。通过对题目的猜测，不但有利于提高学生的阅读速度，还有助于学生在阅读时快速捕捉到所需的信息。故事究竟讲了什么内容？每一个孩子都迫不及待，于是接下来的阅读就变成一种幸福的期待，变成真正的悦读。

（三）说说五个故事的主要内容

在阅读过程中，猜一猜故事的情节，会让阅读变得更加刺激，更加有意思。同学们真是太厉害了，瞬间猜测了如此引人入胜的故事内容。那，你猜对了吗？

下面分组浏览五个故事。每个小组快速负责浏览一个故事。请小组长将蓝色纸张分发给组员。

设计意图：群文阅读要在有限的 40 分钟内读多篇文章，意味着课堂教学的结构与组织形式必须发生改变。将五篇文章分发给五个小组阅读，每个小组承担不同的阅读任务，目标明确，任务落实，课堂结构紧凑高效。

给大家三分钟的时间，快速浏览文章，你不必一个字一个字地读，你可以跳读，扫读，一目两行、一目三行都可以。浏览完后，用简短的话说说故事主要讲了什么内容。（展示 PPT："故事主要讲了什么内容？"）

设计意图：群文阅读教学是单篇课文教学的一种补充和完善，它们互不排斥，互为补充。在群文阅读教学的时候，学生依然可以运用单篇阅读文本时的一些阅读方法和策略。比如，《课程标准》中明确提出：3、4 学段阅读教学要"学习略读，粗知文章大意""初步把握文章的主要内容"，此环节既是对前一猜想环节的跟进，也是对课标的具体落实，更是对四年级学生群文阅读方法的训练，让学生通过快速浏览，从整体上把握五篇文章的主要内容。

在生活节奏日益加快的今天，阅读的速度和能否快速捕捉信息的能力都会直接影响到工作效率和学习质量。

接下来请同学们自主阅读。（教师巡视）

大家来分享一下阅读的收获。注意，同学分享时，要细心聆听。会听的孩子收获会更多。刚才我们每个人只读了一个故事，但是你认真倾听其他组同学的发言，你又可以了解另外的四个精彩的故事，这是聪明人才会的学习法宝哦！

来聊一聊你读的故事的主要内容吧！

设计意图：小组的汇报交流，既是对学生快速捕捉信息的能力的考察，也是训练学生学会认真倾听的良好习惯，学会从聆听中提取自己所需信息。

谢谢同学们的分享和交流，这五个故事跟你刚才的猜测一样吗？故事里的老鼠跟我们开课时聊到的生活中的老鼠一样吗？这太奇妙了！它们究竟是什么样的老鼠呢？我们先一起走进《田鼠阿佛》这个故事。

（四）共读故事《田鼠阿佛》

请小组长将粉色纸张分发给组员。大家快速浏览《田鼠阿佛》，做以下思考。（展示 PPT："故事里的老鼠是怎样的？你是从哪些地方看出来的？"）

（生读后交流）

故事中的老鼠跟我们生活中的老鼠有哪些相似的地方？有哪些不一样的地方？作者是不是真的在写老鼠？

小结：作者在借老鼠写人，写事，写道理，这就是创作的奥妙和乐趣。因为故事中的人物来源于生活，所以它们的身上总是有生活中这种事物的影子。但它们又跟生活中的原型有很大的区别。

现在我们来做一个很有意思的选择，如果让你来选择，你是选择做田鼠阿佛，还是选择做另外的四只田鼠？为什么？把你的想法说给小伙伴听听。

设计意图：群文阅读课堂上着重培养学生辨识与提取、比较与整合、评价与反思、创意与运用四种关键能力。此环节的设计就是在训练学生的评价与反思能力，在对不同的老鼠做出评价后，联结自我，又是创意与运用的能力培养。

（五）分组分读四个故事

刚才，我们通过快速提取信息，认识了几只特别可爱的老鼠。接下来，还有怎样的老鼠在等着我们呢？请小组长将四张白色的纸张分给你的组员，四个不同的故事，每个组员负责浏览一个故事，看看你所看的故事中的老鼠又是怎样的？用几个关键词描述，写在你们小组的学习单上。

每个同学都是小老师，同伙伴分享你的学习单，如果在读的过程中有什么不明白的地方，还可以提出来跟大家交流交流。

小结：集体共读《田鼠阿佛》之后，以"一篇带四篇"的方式学习另外几篇文章，比较符合四年级学生年段特点，能很好地提高教学目标的达成度。课堂上，教师引导学生读完一篇文章后，学生分小组合作学习，每人需完成一篇文章的阅读。读完后，每个人均变成小老师，讲述自己的阅读所得，一方面要大胆、清楚地表达自己的观点，另一方面也要善于倾听其他同学的观点。让每个学生都能找到阅读的成功感，这也正是群文阅读的魅力所在吧！

（六）比对——老鼠的同与不同

五个故事中的老鼠与生活中的老鼠不一样，五个故事中的老鼠又各具特色。为什么同样是老鼠，在不同的故事里甚至相同的故事里却有那么大的差异呢？

（生讨论）

故事中每一只老鼠的背后都站着一个人，这个人就是作者。不同的作者有不同的思想，再加上我们在读这些作品的时候，老鼠的背后还站了一个我们自己，我们会从同样的故事中读出不一样的老鼠来。所以当我们在阅读的时候，最重要的是做到《倒立的老鼠》这个故事中的最后一句话——（展示 PPT："不管世界看上去多么颠倒，请站稳自己的立场！"）

小结：群文阅读教学中，不能一篇一篇孤立地呈现文章，也不能把多篇文章无序地全部呈现，最好有一定的结构，才能取得群文阅读教学的整体效应。教师要把多篇文章看成一个阅读整体，设计比较性、迁移性、冲突性等问题，将多篇文章横向联合起来，培养学生重整、伸展、评鉴、创意等高阶阅读能力。从整体入手，再从整体升华提炼，群文阅读的重点是指导学生在多篇文章阅读中提取信息，整合信息。教学时，要把多篇文章看成一个阅读整体设计。在学生读完了五篇文章后，将几篇文章进行比较整合，了解文章的共同之处，培养学生统整的能力，将学生的思维引向更广更深。

附：文本资料

田鼠阿佛

有一片草地，以前还有奶牛来吃草、马儿来溜达。一直沿着草地的边上，立着一堵老旧的石墙。在石墙里面，就在离牲口棚和谷仓不远的地方，住着爱说爱闹的田鼠一家子。

可如今农夫们搬走了，牲口棚废弃了，谷仓也空了。眼看着冬天已经不远了，小田鼠们开始采集玉米、坚果、小麦和禾秆。从早到晚，他们全都在忙活——只有一个例外，就是阿佛。

"阿佛，你为什么不干活儿？"他们问。"我在干活儿呀，"阿佛说，"我在采集阳光，因为冬天的日子又冷又黑。"他们看到阿佛有时就坐在那儿，盯着草地看。他们说："那现在呢，阿佛？""我在采集颜色，"阿佛简单回答道，"因为冬天是灰色的。"还有一次，阿佛好像要睡着了。"你在做梦吧，阿佛？"他们有点责备地问他。可是阿佛说："哦，不是的。我正在采集词语，因为冬天的日子又多又长，我们会把话说完的。"

冬天来了。当第一场雪飘落时，五只小田鼠躲进了石墙里的藏身处。一开始有很多东西可以吃，小田鼠们在一起讲着傻狐狸和蠢猫咪的故事。他们是快乐的一家子。

可是他们一点一点地啃光了几乎所有的坚果和浆果，禾秆没了，玉米也成了回忆。石墙里很冷，没有人想要聊天。这时他们想起了阿佛说起过的阳光、颜色和词语。"怎么样，阿佛，你的那些东西呢？"他们问。"闭上眼睛，"阿佛边说边爬上一块大石头，"现在，我带给你们阳光，你们感觉到了吗？它的金色光芒……"就在阿佛说到太阳的时候，那四只小田鼠开始感觉暖和些了。那是阿佛的声音吗？它可有魔力啊！"阿佛，那颜色呢？"他们充满渴望地问道。"再闭上眼睛，"阿佛说。于是阿佛跟他们说起蓝色的长春花，紫色的喇叭花，还有草莓丛中的绿叶子。阿佛说着，他们就清清楚楚地看见了那些颜色，就好像画在他们的脑子里一样。"还有词语呢，阿佛？"阿佛清了清嗓子，等了一会儿，然后，就像站在舞台上那样，他说：

　　谁在天上撒雪花？谁融化地上的冰块？
　　谁会把天气变好？谁又会把天气变坏？
　　谁让四叶幸运草在六月里生长？
　　谁熄灭了阳光？谁又把月儿点亮？

　　一只是小春鼠，打开雨露的花洒。
　　跟着来的夏鼠喜欢在鲜花上涂画。
　　小秋鼠跟来时带着小麦和胡桃。
　　冬鼠最后到……冷得直跺小脚。

　　想想多幸运，一年四季刚刚好？
　　一个也不多……一个也不少！

当阿佛说完时，他们一起鼓掌喝彩。"好啊，阿佛，"他们说，"你是个诗人，真想不到！"阿佛红着脸，鞠了个躬，害羞地说："是的，我知道。"

倒立的老鼠

　　从前，有一个87岁的名叫拉本的老人。一生中，他一直过着宁静祥和、悠然自得的生活。他虽然很穷，但是很快乐。

　　当拉本发现他的屋子有老鼠时，起先他并没有因此而烦恼。但是老鼠成倍地增加，它们开始骚扰他的生活。老鼠继续成倍增加，终于有一天，他再也无法忍受这一切了。"老鼠太多了，"他说，"这简直是太过分了！"

　　他步履蹒跚地走出屋子，来到了一家商店，在那儿他买了一些捕鼠器、一块奶酪和一些胶水。回家后，他在捕鼠器的下面涂了些胶水，并把它们固定在天花板上。然后，他小心翼翼地把奶酪作为诱饵，引诱老鼠出来。

　　那天晚上，当老鼠从洞中出来时，看到了天花板上的捕鼠器，它们觉得这简直是个天大的笑话。老鼠们在地板上走来走去，相互轻轻推搡着，用它们的前爪向上指指，随即高声大笑起来。毕竟，这是多么愚蠢啊，没人会把捕鼠器安在天花板上。

第二天早上，当拉本从楼上下来时，看到捕鼠器中没有一只老鼠，他笑而不语。他端来一张椅子，在椅子脚的底部涂上胶水，然后把椅子倒过来粘在天花板上，就靠在捕鼠器的旁边。他如法炮制地放置了桌子、电视机和电灯，他把地板上的每样东西都倒置过来粘在了天花板上，甚至把一小块毯子也放上去了。

第二天晚上，当老鼠们从洞里出来时，他们依然对昨晚的事谈论不休，嘲笑所看到的一切。但是现在，当他们抬头看天花板时，突然，它们都止住了笑，被惊呆了。

"天啊！"一只老鼠叫道，"看那儿，那是地板！"

"上帝啊！"另一只老鼠也叫道，"我们一定是站在了天花板上！"

"我开始感到有些头昏眼花了！"又有一只老鼠说。

"我的大脑充血了。"另一只老鼠说。

"这太可怕了！"一只长着长胡子的年岁很老的老鼠说，"这简直是太可怕了！我们必须立刻采取行动！"

"我不能再继续靠我的头站立了，否则我会昏过去的！"一只年轻的老鼠大声叫着。

"我也是！"

"我受不了了！"

"救救我们！谁快来帮帮我们！"

它们的情绪开始异常激动。"我知道该怎么做了。"那只年长的老鼠说，"我们必须倒立，那样我们就会站着了。"它们都顺从老者的指示，开始倒立。过了很久，由于血液急速地流向大脑，他们一个接一个倒下了。

第二天，当拉本从楼上下来的时候，看到地板上横七竖八躺着很多老鼠，他迅速把老鼠收集起来，统统扔进了篮子里。

不管世界看上去有多么上下颠倒，请站稳自己的立场。

教室里来了"不速之客"

程　琦

学校午会时间，阳光直射向地面。教室像个大烤箱，孩子们热得满脸淌汗，个个脸蛋绯红。

班长涓涓站在讲台上讲述周末的趣事，可下面坐着的同学似乎对她的讲述丝毫不感兴趣，个个目光呆滞，眼神游离。班主任程老师越看越生气，刚想来声"狮子吼"，忽然发现教室前门有情况——呀！一只老鼠！胆子还真不小，这么多人在教室里，它居然敢溜进来。

关着的门和地面贴得很近，这家伙进门可不容易，小脑袋都要被削平了。眨眼间它就钻到门后面的扫把堆里，没了踪影。

这可是让孩子观察动物的大好机会，程老师示意涓涓暂停。她对着无精打采的孩子们，竖起食指凑到嘴边："嘘！刚才扫把里躲进一只老鼠！"孩子们瞬间来了精神，都"刷"地离开了座位，跑在最前面的彬彬胆子大，伸手就要去拨扫把，程老师连忙喊："不要弄伤它，也别让它跑了，来几个男生去堵门，快呀——"全班最壮的阿鑫和策策立刻牢牢地靠到了门前面。

孩子们的喧闹声惊动了老鼠，它从扫把堆里钻出来，顺着墙根朝教室后面狂奔。呀，它好小啊，灰棕色的毛纤细柔软……眨眼工夫，老鼠就不见了。躲哪儿去了呢？孩子们更加兴奋。

"在书架下面！"不知谁喊了一句，所有人的目光几乎同时投向了图书角。衡衡平时最爱干净，这会儿却趴着，半边脸贴在地上，恨不得钻进书架底下去。童童把袖子往上一卷："我有办法！"他涨红了脸，小心地推着书架。欣欣连声提醒："你别伤害到它！"

书架挪开，露出一角……看到老鼠了！尖尖的脑袋，长长的尾巴。几十双大眼睛瞪着它，可它却全然不顾，捧着在书架下搜到的干黄豆往嘴里送。啃完一粒又是一粒，小腮帮鼓得高高的，看来真是饿坏了。好家伙，把大家弄得人仰马翻，它却泰然自若地享受美食，真没见过这么有趣的小老鼠！

程老师和孩子们屏息凝视，生怕再次惊扰了这位"不速之客"。也许是吃饱了，小老鼠突然朝着后门的方向突围。孩子们一面高声喊着："别踩到小老鼠了！"一面潮水般地向后退，给它闪出了一条道。小老鼠加速冲刺，一跃到了后门的小窗口上，爪子划得门板"哗哗"直响，弓着背一跃，只一秒，就没了影。

教室里的不速之客，来得快，去得更快。

老鼠夹
[巴西]保罗·科哀略

老鼠看到庄园主拿来一个老鼠夹，感到很担心：庄园主要来杀死我！

他开始向其他所有动物发出警告："小心老鼠夹！小心老鼠夹！"

母鸡听到它的叫喊声，就叫它不要叫喊："我亲爱的老鼠，我知道那对你来说是个问题，但是它对我根本没有任何影响，所以请你不要这么大惊小怪！"

老鼠跑去告诉胖猪。胖猪感到很生气，因为它的午睡被打搅了。

"房子里有一个老鼠夹！"老鼠说。

"我感谢你的关心，我也同情你，"胖猪回答道，"所以，你放心，我今晚一定为你祈祷，但这是我所能尽到的最大努力了。"

老鼠感到比以往任何时候都要孤独，就到母牛那里寻求帮助。

"我亲爱的老鼠，那跟我有什么关系呢？你看到过母牛被老鼠夹杀死吗？"

老鼠看到没有哪个动物愿意跟它团结起来，所以只好返回庄园主的房子，藏在它的洞穴里。他整夜都不敢闭眼，生怕发生什么悲剧。

天刚亮，老鼠就听到了一阵响声，它想，老鼠夹一定是夹到什么东西了！

庄园主的妻子下楼去看老鼠是否被杀死，她在黑暗中没有注意到老鼠夹只是夹住了一条蛇的尾巴，所以，当她走近老鼠夹的时候，被蛇咬了。

庄园主听到妻子的尖叫声后，赶紧爬起床，飞快地将妻子送到医院，她在医院里做了适当的治疗处理后，被送回家了。

但是，她仍然发烧。庄园主知道鸡汤对病人来说是最好的补品，就把母鸡给杀了。

他妻子的身体慢慢地康复起来。邻居都来探望他们。为了表示感谢，庄园主把猪杀了，热情地招待朋友们吃了一顿。

他妻子终于康复了，但是医疗费很贵，所以庄园主把母牛卖给屠宰场，用所得的钱支付那些医药费。

老鼠目睹了这一切，心中暗暗想道：我已经发出了警告，可它们为什么不听呢？

老鼠嫁女儿

从前，有一对老鼠夫妇，他们生了一个女儿。鼠爸爸为女儿请来了最好的老师，教她唱歌、弹琴、吟诗、画画。女儿呢，十分乖巧，每天都认真地学习。不久，鼠姑娘就长得亭亭玉立，成了老鼠国人尽皆知的才女。

转眼间，到了结婚的年龄，周围的许多家老鼠都请媒人上门提亲。鼠爸爸和鼠妈妈十分疼爱自己的女儿，他们怎么会让自己的女儿嫁给一只普通的老鼠呢？于是啊，所有上门求婚的人都被一一拒绝了。

有一天，鼠妈妈正在院子里洗衣服，鼠爸爸坐在椅子上晒着太阳，他走过去对老婆说："亲爱的，你觉得谁最适合做我们女儿的新郎呢？"

鼠妈妈说："我认为啊，如果咱们的女儿嫁给了世界上最伟大的人，那么她一定会过得非常幸福的。"

鼠爸爸深思了片刻，兴奋地说："啊，我知道了，太阳比世界上任何人都要伟大，如果我们要……"鼠妈妈接过话来说："是啊，如果我们把女儿嫁给太阳，那倒是个不错的提议，亲爱的。"

鼠爸爸抬头看看天空，太阳正冲着世间万物露出绅士般的微笑："太阳先生，我有个请求，您是世界上最伟大的人，您愿意娶我可爱的女儿做您的新娘吗？"

太阳回答说："鼠先生，您这样说我十分感动。但不得不承认，有人比我更有能力。"鼠妈妈连忙问："谁比您更有能力呢？"

太阳说："是乌云。"就在这时候，一片乌云飘过来，太阳连忙躲了起来。"看见了吗？当乌云飘过来时，我就无能为力了。"

鼠爸爸于是对乌云说："乌云先生，您愿意娶我的女儿做您的新娘吗？您是世界上最强大的。"乌云连忙摇摇头说："其实并不是这样的。风比我强得多，它一出现，我就得躲得远远的。"正说着，一阵风刮过来，把乌云吹得无影无踪了。

鼠妈妈赶紧抱住树根，才没被吹走，她急切地向风呼叫："风先生，您真厉害！您是世界上最伟大的，我愿意把我人见人爱的女儿嫁给您。"

"不，我可不是什么世界上最强大的。牢固的墙壁比我还要强壮，无论我使出多大的劲，它们都纹丝不动。"说着，风呼啸着朝墙吹去，但墙呢，微笑着寸步不移。

鼠爸爸又对墙的敬佩之情油然而生，他走过去说道："尊敬的墙先生，您是世界上最强壮的，请您做我女儿的新郎吧！"

墙显然感到很开心，但是它还是说："不是这样的，老鼠比我更强壮，我忍受不住它尖尖的牙齿。"正说着，墙尖叫起来："哎哟，好痛啊！"

原来，一只老鼠正用它尖尖的牙齿啃着墙角。老鼠妈妈走过去，拍拍它的头，慈祥地说："小伙子，看得出来，你很有劲啊！你愿意娶我可爱的女儿吗？"

老鼠听了高兴地说："真的吗？我十分愿意！"

鼠爸爸把老鼠带回家。在鞭炮声中，鼠姑娘穿着洁白的婚纱，显得格外美丽动人。就这样，她还是嫁给了强壮的老鼠。后来它们一直生活得很幸福。

统编版小学语文二年级下册
《贝的故事》拓展阅读课

我的思考：用"1+X"的办法丰富阅读教学的内容

　　统编版教材编写体例上有一个很大的变化，那就是将课外阅读纳入了教材体系。温儒敏先生言："把课外阅读纳入教材体系，建议老师们采取 1 加 X 的办法，即讲一篇课文，附加若干篇课外阅读的文章。"统编版小学语文二年级下册第三单元识字 3《"贝"的故事》这篇课文。课文介绍了"贝"字的起源和演变以及"贝"字的作用和字形字义。通过课文的学习，让学生感受汉字和中华文化的博大精深，源远流长，了解"贝"字的起源和字形、字义特点。像"贝"这样的汉字还有很多，课文只是为学生打开了一扇窗。《会讲故事的汉字》这组群文采用 1+X 的方法，将课外阅读与课内阅读有机结合，让二年级的学生了解更多的汉字起源及演变的过程，从而对汉字产生浓厚的兴趣，激发他们学习和探究汉字背后的文化的强烈愿望，让汉字文化有趣入情。

【教学设计】

执教年级：

二年级。

群文议题：

"汉字背后的故事"。

群文篇目:

1.《群文阅读·新语文课程 1+X 读本》:二年级下册《两根竹子》《会讲故事的"渔"》《马的故事》《火的故事》《小鸟学飞》。

2. 课文链接:统编版语文教材二年级下册识字 3:《"贝"的故事》。

文本分析:

本课一共有五个文本,看似都在讲汉字的故事,但每个文本讲故事的方法不尽相同,每个故事所讲的汉字的故事也反映出古人造字的不同方法,可以很好地丰富和延展统编版教材课文学习的内容。

《两根竹子》是一则小短文,通过古人在造"木""林""竹"三个字时的细致考量,认识到每一个汉字的来历都包含着古人的大智慧。

《会讲故事的"渔"》通过对"渔"在甲骨文和金文中的不同造型,说明了汉字的起源跟古时候人们的生活是息息相关的,不同的造型反映了古时候的人们不同的捕鱼方式。

《马的故事》通过图文并茂的方式,详细介绍了"马"这个字由一幅图画到文字,由繁到简的逐步演变过程。通过"马"字的字形演变历史,直观地给小朋友说明了汉字的演变跟便于人们书写有密切的关系。

《火的故事》既讲了"火"字的来历,又讲了由"火"引出的另外几个汉字的意思,形象地揭示了汉字表形表义的特点。

《小鸟学飞》采用小朋友喜闻乐见的方式,用鸟爸爸给小鸟讲课的方式,巧妙地将"鸟、羽、非、习、飞"这几个跟鸟有关的字的来源深入浅出、生动形象地告诉小朋友,非常适合二年级的孩子阅读。

以上五个文本,讲述的是不同的汉字的故事,但是,整合之后,会发现,文本的选取独具匠心。"马、鸟"是关于动物的汉字的来源与衍生,"火、渔"则是人类自然活动中创生出的汉字及衍生。这些汉字创造之初都具有象形或会意的特点,充分体现了中国古代劳动人民的智慧。

考虑到二年级的学生识字及阅读的实际情况，本教学设计去掉了《两根竹子》。建议采用多种形式处理文本，用好文本中的图片帮助学生理解汉字的意思。

教学目标：

1. 了解汉字的起源及字形字义演变的过程以及汉字推衍的规律及特点，增强学生学习汉字的兴趣，激发学生对中华汉字文化的热爱之情。

2. 通过统整发现汉字中会意字的特点及形声字形旁表义的特点，丰富学生学习形声字、会意字的识字方法。

教学重难点：

1. 汉字演变之后特别是简化之后与创造之初的字义的勾连。
2. 读图与读文结合的阅读方式的熟练切换。

教学过程：

（一）链接课文，引出议题

小朋友们，我们刚刚学了一篇课文——《"贝"的故事》，大家还记得吗？我们来玩一个抢答的游戏，答对了的小朋友，可以得到一枚漂亮的贝壳印章喔。（贝壳印可以自行用彩色卡纸设计制作，也可以用 PPT 上的图案替代）

来，请看题！

A. "贝"字的甲骨文是什么样的？

（我们一起来读读 PPT 上的这句话：一些生活在水里的动物，用贝壳保护自己的身体。甲骨文中的"贝"字，画的就是贝壳的两扇壳张开的样子）

B. 贝壳为什么会被当作饰品？

（古时候，人们认为贝壳很漂亮，很珍贵，喜欢把它们当作饰品戴在身上）

C. 贝壳为什么会被当作钱币？

（而且贝壳可以随身携带，不容易损坏，于是，古人还把贝壳当作钱币）

D. "贝"字的意义是什么？

（所以，用"贝"作偏旁的字，大多与钱财有关，比如，"赚、赔、购、贫、货"）

（根据 PPT 小结）

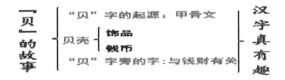

课文从"贝"字的起源说起，带着我们认识了甲骨文这种特殊的汉字形态，知道了"贝"字旁的字大多与钱财有关。汉字真有趣！一个汉字就是一个故事，一个汉字就是一段历史。像"贝"这样有故事的汉字还有很多，这节课，老师就给小朋友们带来了一组汉字的故事。

（二）研读文本，求同比异

1. 全班共读图文结合的《会讲故事的"渔"》。

（1）看，老师给大家带来了几张图片，（板书"图"）它们都是同一个字，你们能猜出是哪个字吗？（PPT 出示"渔"的两种甲骨文和金文）

（2）出示楷书"渔"。你猜对了吗？（如有猜对的同学，小组加一枚贝壳图标）

（3）比异：出示图片对应的文字，请你结合文字，（板书"文"）说说你看出来每个"渔"表示什么意思。

（4）求同：这四个"渔"有没有相同的地方呢？

小结：远古时期的人一般都在河边定居，渴了，舀一碗清澈的河水；饿了，捕一条活蹦乱跳的大鱼……生活很惬意！但是，捕鱼要讲究方法，方法不对，不仅劳神费力力，还得饿肚子。（出示 PPT：古人捕鱼的方法很多，从表示捕鱼的"渔"的古体字中，我们就能了解到一些。比如，两个甲骨文表示的是钓鱼和网鱼，而金文则表示用手摸鱼）

（5）刚才我们学习"渔"字的故事时，用了什么方法？（图文对照）

2. 接下来，我们就用图文对照的方法，再来读读另外一个汉字的故事。（PPT 出示《马的故事》）。请小朋友们自己轻声读读这个故事，记得边读文字边看图喔！

（1）阅读小能手：谁能把文字跟图画连起来？（PPT 出示一些文字和"马"字的图画、甲骨文、金文、小篆、简体字）真能干！老师为你们点赞！

（2）请仔细观察"马"字的演变，你们有什么发现？（随着时间的流逝，马的特征在字里逐渐显示，越来越简化，便于书写）（板书"简化"）

小结：我们从"马"的故事里了解到了汉字简化的过程，其实，在汉字演变的过程中，还发生了许多有意思的故事。接下来，我们一起来了解一下《火的故事》和《小鸟学飞》的故事。

（3）分组阅读《火的故事》和《小鸟学飞》。

老师这枚贝壳盒子里有两个故事，两边分别推选一位同学上来抽取你们要读的故事，抽到哪个故事，就读哪个故事。

学生分为两个大组，分别阅读故事，阅读要求如下：

A 组：你了解到人们是怎样造出"火"这个字的吗？除了这个字，故事中还讲到了哪些字呢？任选一个字完成学习单。

画一画（古体字）	写一写（简体字）

B 组：你了解到"鸟"字是怎么来的吗？除了这个字，故事中还讲到了哪些字的来历呢？任选一个字完成学习单。

　　交流完成的学习单，奖励贝壳图标。

　　（4）统整发现：通过刚才的交流，你们发现这两个故事跟前面几个汉字的故事有什么不一样的地方？（前面几个故事只限于讲那个字的故事，这两个故事不仅仅只讲了"火、马"的汉字故事，还讲了由这个字引出的别的字的来历）

　　（三）联结建构，发现规律

　　1. PPT 出示课文、群文文本的题目：这几个汉字的故事讲述的方法一样吗？你喜欢哪个汉字讲故事的方法？

　　2. 通过这几个汉字的故事，你发现我们的汉字有什么特点吗？（形声字形旁表义、会意字表示意思……）

　　3. 你还知道哪些汉字有故事吗？给大家介绍一下吧。

　　（四）拓展延伸，升华情感

　　1. 观看汉字相关视频，激发学生热爱中华悠久文化的情感。

　　2. 选择自己感兴趣的汉字，和爸爸妈妈一起制作一张汉字卡，开展一次汉字大会。（PPT 出示贝壳汉字卡模板）

　　3. 整理统计贝壳图标获得情况，颁发奖品《有故事的汉字（第二辑）》。

　　板书设计：

　　　　　　会讲故事的汉字（图+文）
　　　　　　（渔的甲骨文、金文图片）鱼
　　　　（马的甲骨文、金文、小篆图片）马
　　　　　（学生完成的火、鸟的学习单）
　　　　　　　　形声字、会意字

附：文本资料

会讲故事的汉字

汉字可真了不起！每个字的来历都有它的道理：有的是根据事物的形象转化来的，有的是根据事物的特点演变过来的……虽然现在很多字和它们最初的样子差别很大，但是如果我们借助古字，还是可以明白它们的意思，发现它们背后的故事。

两根竹子

编者整理

语文课上，老师正在给大家讲汉字。她指着黑板上的"木"字说："'木'字就是古人画的一棵树的样子，所以说它是一个象形字。如果在'木'的旁边多画一棵树，就成了'林'，意思就变了。"

听到这里，突然有同学问道："'竹'字也是象形字，为什么它不是画一根而是画两根呢？"

老师听了，笑着解释说："我们都见过单根生长的树，却很难见到单根生长的竹子，因为竹子总是成丛、成片生长。即使只栽下一根竹子，它的笋也会破土而出，然后长成一丛竹子，所以'竹'字便画了两根。画两根是表示它的数量多。"

没想到古人在造字时，居然细致地考虑到了事物的特点，真了不起！同学们感到佩服极了。

会讲故事的"渔"

编者整理

远古人依河定居，渴了，舀一碗清澈的河水；饿了，捕一条活蹦乱跳的大鱼……生活过得不亦乐乎！但是捕鱼要讲究方法，方法不对，不仅劳神费力，还得饿肚子。

古人捕鱼的方法有很多，从表示捕鱼的"渔"的古体字中，我们就能了解到一些。比如，两个甲骨文分别表示的是钓鱼和网鱼，而金文则表示用手摸鱼。

（甲骨文）

甲骨文很形象，是一根鱼竿钓起一条大鱼的样子。

（甲骨文）

甲骨文左边是鱼，右边是网，意思是用渔网捞鱼。

渔

（金文）

金文里有一条河、一条鱼和两只手，表示用手摸鱼。

（楷书）

楷书由三点水和鱼组成，表示捕鱼。

马的故事

林西莉/李之义

这样的"马"字写起来还是比较麻烦。为了便于书写，人们开始想办法简化这个字，最终在 20 世纪 50 年代创作了一个新字——马。

"马"字在成为现在这种样子之前，经历了一个漫长的过程，变化很大。

这不是一个字，而是马的图画。这幅图画出现在公元前大约一千年的一把砍斧上，显示了当时马的样子：长着大脑袋和短腿。

这是"马"字的几个甲骨文。左边的字仍然是马的实际样子，它们站在那里，耷（dā）拉着沉重的脑袋，马鬃（zōng）和马尾表现得很清楚；右边的字已经大大简化了。

这是"马"字的几个金文。它们比甲骨文出现得要晚，但是前面两个字人们仍然可以看出马的口、鼻以及圆眼睛。随着时间的流逝，这些马的特征在字里也消失了。

下面我们看到的是"马"字的小篆。

火的故事

编者整理

很久很久以前，人们发现雷电打在茂密的丛林里时，会燃起一种叫作"火"的东西。

一开始，人和动物都很怕火。直到一次大火后，有人从地上捡起被火烤熟的动物肉，发现比生肉好吃多了。

人们不再怕火了。他们将火带回家，用来烧烤食物。

看，火的甲骨文字形将火燃烧时的样子画得多形象！火一旦燃起来就会烧得很快，因此它也被用来形容情况紧急，如火速、十万火急。

他们还发现，火发出的光不仅能取暖照明，还能赶走凶猛的野兽呢！

甲骨文字形是一个跪坐的人高举着火照明，表示火光、光亮；后来也指荣誉，如争光。

由于取天火太麻烦，人们开始动脑筋，发明了用石头打火、钻木取火的方法。

取火变得容易后，人们开始用火做越来越多的事情。

开荒耕作时，人们用火将荒草烧成灰，作为庄稼的肥料。

古字形，上面是手，下面是火，表示火熄灭后，可以用手去拿的物品燃烧后的粉末。由于灰的温度很低，它又被用来表示情绪低落，如心灰意冷。

当敌人出现时，士兵用火制造出大量浓烟，来传递报警信号。

"火""因"加在一起表示因火生烟，本意是指物体燃烧时产生的气体。

此外人们还用火来烧制陶器、砖瓦等。

但有时候，趁人们不注意，火就会干点儿坏事，引起火灾。因此，大家在用火时一定要小心哦！

古字形的外面是房子，里边是火，表示房子着火了。原本专指火灾，现在泛指一切灾难。

小鸟学飞

编者整理

一大早，鸟爸爸和鸟妈妈便把在屋里熟睡的小鸟叫醒了！今天小鸟要学飞啦！瞧，鸟爸爸和鸟妈妈正挥着翅膀，教小鸟飞行呢！小鸟听得可认真了！

这是一只鸟的侧面，能看出鸟头、眼睛、身体、尾巴和爪子。它最初是长尾巴鸟的总称，现在泛指鸟类。

它本指翅膀上的两片长羽毛，后用来表示翅膀或羽毛。

鸟爸爸讲完了，现在，小鸟要试飞了！它学着爸爸妈妈的样子，张开翅膀，然后快速挥动……虽然飞得不好，偶尔还会掉下去，但它学得很认真。经过反复练习，小鸟终于能独自飞翔了。

古字形展现的是一对张开的翅膀，由于它们是背对背张开，所以有了"违背""不对的"等意思。

"习"的甲骨文由"羽"和"日"组成，表示小鸟在日光下挥动翅膀，反复练习飞翔。

　　从古字形能看出中间是鸟头、鸟身，两侧是张开的双翅，就像一只鸟在飞翔。它的意思就是飞翔。

【名家点评】

智慧老师的智慧课堂

四川省教育学会小学语文教学专业委员会秘书长、
四川省特级教师 殷宗祥

这节课充分展示了李老师的教学智慧，听课之后让人印象深刻。这节课的特点可以用"新"和"活"两个字来概括："新"——执教统编教材，落实课标精神，教学设计创新，给人以耳目一新的感觉；"活"——教学方法灵活、学生思维活跃、阅读案例鲜活。

1. 体现了统编教材"1+X"的编排特点。以"会讲故事的汉字"为议题组文，选择了五篇与课文《"贝"的故事》相勾连的短文指导孩子们阅读，既激发了孩子们学习和探究汉字文化的情趣，又拓展和丰富了阅读的内容。

2. 教学中教给学生阅读方法。李老师遵循低段学生的学习特点，依据《课标》"阅读教学要教给方法"的要求，设计读图与读文相结合的阅读策略，采用"求同比异、图文对照、联结建构"等方法引导学生阅读，让孩子们在阅读学习的过程中体会和感悟阅读方法。

3. 注重学生的体验和感悟。在设计和实施教学时，将教学重心放在了学生的学上，重视学生学习过程中的参与和探究，让他们自己去选择，去体验，去发现。如完成学习单、发现汉字的规律、制作汉字卡，等等。学生是学习真正的主人。

4. 教学风格朴实且具有个性。在整个阅读指导过程中，李老师设计的问题逻辑关系清晰，富有启发思维的张力，运用比异求同的方法，语言准确精练，指导落实到位。睿智、沉稳，语言有感染力，这就是李老师的教学魅力和个人风采。

四年级群文阅读课《科幻小说中的未来》

我的思考：在阅读中提升学生的思辨力

本节群文阅读课基于人教版教材四年级上册第八单元"科技成就"而设计。教材的这个单元通过四篇课文，从不同角度反映了飞速发展的科学技术创造的奇迹，展现了现代科学技术的神奇和威力。在此基础上，通过本组群文阅读，不仅让学生对科幻中的未来充满好奇心，而且还要明白，人类的未来，正是孕育于"科幻"之中，人类的未来，并不是一个"科幻"的梦想，而是切实可以触摸的，激发学生对于科学的热爱和探索之心。这组群文，借助于"科幻"这个话题，激发学生丰富的想象力，立足于现实和科学，对未来进行合理而丰富的联想，同时，通过对"现实"与"未来"的比较、构想，培养学生的思辨能力。

【教学设计】

执教年级：

四年级。

群文篇目：

1.《群文阅读·新语文课程 1+X 读本》四年级上册《2055 年的衣服》《未来市的学校》《智能汽车与智能公路》《潜水艇》。

2. 课文链接：人教版教材四年级上册八单元。

文本分析：

《2055 年的衣服》这个故事写的是 12 岁男孩徐若宣在一次旅

行中遭遇雪崩被活埋。47 年后，他被一名医生解冻醒来，发现世界已经变成他不认识的样子——人们不穿衣服而喷护霜……该文写了人类智慧的伟大，把二氧化碳做成衣服，既减少了大气污染，又变废为宝，节约资源。

《未来市的学校》选自 1978 年我国出版的第一本科学幻想小说，它讲述了小记者小灵通漫游未来市的种种见闻和感受。这个章节里充满了对未来学校的想象和认识，从今天看来，许多想象已经成了现实，甚至有些地方已经远超当初作者对未来学校的描绘。这也从侧面印证了"科学幻想是科学发展前进的动力，科学发展是科学幻想的基础"。

《智能汽车与智能公路》写的是在当今世界上的许多国家，汽车已经成了人们日常生活必备的用品。当人类即将进入 21 世纪的时候，许多人都不约而同地将"如何使传统的汽车更新换代"作为一个新的研究课题……虽然描绘的是 2050 年的科学技术，但是今天，由于互联网和电子技术的发展，汽车智能时代正在提前到来……

《潜水艇》这篇文章选自法国伟大的科幻作家儒勒·凡尔纳的科幻作品《海底两万里》，它讲述了法国生物学家阿龙纳斯在海洋旅行的所见所闻。尼摩在荒岛上秘密建造的这艘潜艇不仅异常坚固，而且结构巧妙，能够利用海洋来提供能源，表现了人类认识和驾驭海洋的信心，展示了人类意志的坚忍和勇敢。

这组群文围绕"科幻中的未来"展开，立足于"现实"科技，展望未来，同时可以向前追溯如凡尔纳和《小灵通漫游未来》这些较早期科幻作品对人类已然实现的部分科幻作品的描绘，使学生明白：科幻不是"虚幻"，科幻与现实有密切的联系，同时，科幻与科学关系密切，科幻立足于科学，同时能推动科学的发展；反过来，科学技术的发展又推动了科学幻想的实现。

教学目标：

1. 运用对比阅读的方式，了解有关科幻小说中的"现实"与"未来"，并通过联想推测，思考科幻小说中的"未来"是否会最终成为"现实"。

2. 链接相关科幻小说、科幻电影以及科学知识，激发学生对科幻作品的热爱以及对科学的探索精神。

教学重难点：

了解有关科幻小说中的"现实"与"未来"，并通过联想推测，思考科幻小说中的"未来"是否会最终成为"现实"。

课堂实录：

生：老师好！

师：同学们好！

师：（板书"科幻小说"）你看过什么科幻小说？

生：《海底两万里》……

师：如果我请你用拆分的方法，从"科幻小说"四个字中来找，科幻小说有什么基本特点？

生：科学、幻想。

师：（板书"科学""幻想"）基于科学的幻想，同时，它是小说的一种类型。今天我们要聊的是科幻小说。科幻小说可以聚焦的东西太多了，短短的一节课我们没有办法都聊完，今天我们要聊的是科幻小说中的未来。老师给大家发了三个文本，第一个文本是——

生：《未来市的学校》。

师：第二个文本是——

生：《智能汽车与智能公路》。

师：第三个文本是——

生：《潜水艇》。

师：这三个文本你们已经提前读了，请你用一句话来概括它们的主要内容。

生：《未来市的学校》主要透过小灵通对未来市的游玩，描述了未来的学校是什么样子的。

师：非常喜欢你的归纳，了不起，用一句话讲清楚了文本的主要内容。

生：《智能汽车和智能公路》主要讲的是未来的汽车是智能汽车，它很方便，不容易出现交通事故。

生：不仅仅是讲了未来的汽车，还讲了未来的公路。

师：很好！把他们两个的内容合起来就更完整了。那《潜水艇》主要讲了什么？

生：主要讲了法国生物学家阿龙纳斯在海底见到了未来的一个东西。

师：他所见到的未来的这个东西是什么？

生：（齐答）潜水艇。

师：刚才我们读到的这三个文本，分别选自三本著名的科幻小说。

（PPT 出示，指名读）

生 1：《小灵通漫游未来》——我国的第一本科学幻想小说，出版于 1978 年 8 月。该故事讲述了小记者小灵通漫游未来市的种种见闻和感受。

生 2：《漫游 2050》——发表于 2001 年。该故事讲述了男孩阳子乘坐时间机器，来到了 2050 年的幻想城，并领略了科技发展给人类生活带来的巨大变化。

生 3：《海底两万里》发表于 1869 年，该故事讲述了法国生物学家阿龙纳斯在海洋旅行的所见所闻。

师：请注意这三本书出版的年份分别是——

生：1869、1978、2001。

师：请你们计算一下，这几本书距离我们现在有多少年了？

生：《海底两万里》159 年，《小灵通漫游未来》40 年，《漫游 2050》17 年。

师：这三本书都属于科幻小说，当年的作者是如何去幻想未来的呢？我们随着文本去看看。请你拿出《智能汽车与智能公路》，看看作者幻想的智能汽车和智能公路是什么样子的。可以勾画关键语句，也可以勾画关键词。

师：作者在这篇文章里对未来的幻想主要是哪些内容？

生1：他主要的幻想是汽车与公路。

师：有没有不同意见？

生2：他主要说的是智能汽车与智能公路。

师：很好，别看他的答案只比你多了一个词"智能"，但这里边的差距那可不是一般的大呢！你看，长长的文章，抓住核心词，一下就锁定了文本的主要内容。你们看到作者幻想的未来的智能汽车是怎样的？

生1：这辆车会自己开起来，只要按下一个键就会自己动起来。它由"眼""脑""脚"三部分组成。它的"眼"是一只由电视摄像头组成的道路识别装置，"脑"是一台小型电脑，"脚"是由电信号控制的自动操纵车。

师：请坐！谢谢你给我们介绍了这辆未来的智能汽车的构成。作者对未来的这辆智能汽车描写得这样详细。我们一起来读一读。

生读："坐进这样的智能汽车，只要在电脑上设定目的地，再按下'行'的按键，汽车便完全自动操作，驶向你要去的地方。在错综复杂的情况下，它'眼疾手快'，会自动加速、减速和刹车，还会选取最佳方案来控制和指挥汽车的运行。乘车的人完全可以坐在后座，闭目养神，翻阅书报，或者和人谈天说地。'不要和司机说话'的时代一去不复返了。"

师：面对作者对未来智能汽车的幻想，你有什么想说的？

生：现在科技这么发达，我相信人类在2050年真能研制出这样的智能汽车和智能公路。

师：我也相信！你看，2001年还只是存在于文字中的智能汽车，到现在它竟然真的可以到公路上去进行长距离的测试。我们来看一段视频"我国进行智能汽车长距离测试"。

（生观看视频）

师：请你结合刚才的视频和平时的积累，说说作者幻想的内容智能汽车和智能公路，到今天是否实现了呢？

生 1：我觉得部分已经实现了。比如说智能汽车至少已经研制出来而且开始上路测试了，它只是还没有大规模地投入使用而已，也就是它的技术还在完善当中。

生 2：我也觉得是部分实现了。你看那个作者幻想的智能公路，其实我们现在在公路上用导航了解路况，就是其中一种幻想的实现。

生 3：我是觉得现在吧智能公路涉及的科技部分的内容已经基本实现了，只是公路的修建上智能化还不够。

师：我们的孩子懂得真多！的确，你们看，作者当年还只是幻想的智能汽车和智能公路，仅仅相隔 17 年，就已经在我们的现实生活中逐步实现，给我们的生活带来极大的改变。（板书"科技改变生活"）

师：接下来请你们自己阅读另外的两篇文章《未来市的学校》《潜水艇》，请大家像刚才这样，看看作者在文中幻想的是什么。把核心词或关键句勾画下来，再想想，幻想的这些内容到今天实现了没有？

（生默读文本）

师：《未来市的学校》幻想的内容是什么？

生 1：阶梯教室、写话机、银幕、白板。

师：还有没有补充？

生 2：半导体的电视。

生 3：老师还可以到电视台去上课。

生 4：老师讲课的内容可以回放。

师：把你们几个孩子说的整合一下，就是通过电视来教学。你们特别棒，在这么短的时间内找出了作者幻想的核心内容，有电视教学、阶梯教室、写话机，等等。回忆一下，这部科幻小说是哪一年写的？

生 5：1978 年。

师：噢！你们的爸爸妈妈是"70 后"还是"80 后"？

生 6："80 后"。

师：你们的爸爸妈妈还没有出生的时候，这本书就写出来了。那个时候作者写到的未来的学校是这个样子的。你告诉老师，作者当年的幻想现在实现了没有？

生7：部分实现了。

师：哪些实现了？

生8：电视教学、写话机。

生9：白板、阶梯教室。

师：你们刚才说部分实现了，可是听你们这样一说，我怎么感觉全都实现了呢！

生10：还有电视台教学没有实现。

师：有争议了。谁再来发表一下自己的看法？

生11：写话机的幻想还没有实现？

师：有没有不同意见？

生12：写话机的功能已经实现了，就像手机上的微信，你一说话，就可以变成文字发给对方。

师：看来前面那位同学是个不玩手机的孩子。现在有种输入法叫语音输入，你对着手机一说话，文字立马就出现了，准确率还蛮高的。当然，前提是你的吐字要清晰。

生13：我认为阶梯教室还没有实现，现在大部分学校都是一般的课桌椅，并没有阶梯教室。

师：亲爱的孩子请看，你们今天上课的这个地方叫什么？阶梯教室对吧？那你说实现了没？

生14：实现了。

生15：虽然我们现在没有实现电视教学，但是我们现在可以在微信里面通过微信平台进行教学，还有我们现在每个教室都有"班班通"，就像我们这篇文章里讲的一样，老师讲到哪里，就在屏幕上点到哪里，就可以出现老师讲的内容。

师：也就是说，我们现在的科技发展已经超越了文章中所幻想的电视教学了。我们有网上课程，老师寒假在成都市的数字学校上课，其他城市线上的同学坐在家中的电脑前就可以听课了。

各种新的教学科教手段已经远远超越了作者当初的幻想。

师：再来看看，《潜水艇》这篇文章作者幻想的内容是什么？

生 1：潜水艇在水下是如何行进的。

师：这个幻想现在实现了没有？

生 2：实现了。

师：通过我们刚才读的这三个文本，（PPT 出示表格）请你思考：你认为科幻小说中的未来，会实现吗？

生 1：我认为可能是会的，在未来，科技会很发达，很多东西都是可以实现的。

师：你很坚定地认为会实现。

生 2：我觉得大部分是可以实现的。

师：聪明的女孩子，她说话很谨慎，不把话说满。还有很多同学在举手，同意他们的观点的请举手。看来大家都同意他们的观点。其实科幻小说很神奇，据说凡尔纳在 1864 年写过一部书叫《20 世纪的巴黎》。出版商拿到手稿之后不敢出版，问题是什么呢？原来是这部小说中描绘的 20 世纪的巴黎，有什么电梯呀，电话呀，还有什么各种交通工具，还有很多先进的家用电器，出版商说您这写的是什么呀？出了老百姓根本就看不懂。人怎么可能过上这样的生活呢？这本书一压箱底就压到了 1994 年，1994 年出版之后，这当时的人都看傻了，这不是科幻小说吧？这简直就是对于现实世界的一个预告片啊！

所以，你们认为科幻小说中的未来会变成现实吗？

生：会。

师：所以有人才说，科幻小说就是现实的预告片。（板书"幻想预见未来"）接下来，我们再来读一篇文章，这篇文章叫作——

生：《未来的衣服》。

师：看着这个题目，你们先来大胆地幻想一下，你希望未来的衣服是什么样子的？

生 1：我幻想未来的衣服是可以上锁的，并且未来的衣服还可以淋雨，还可以自己走路。

师：改变世界的发明创造都是懒人的发明，比如电梯的发明，这孩子设想出来的全部都是让人变得更懒的东西，你很有发明家的潜质。

生 2：我幻想未来的衣服都是可以根据个人的喜好变换不同的花纹还有颜色。

师：爱美的女孩子时尚感极强，设想的未来的衣服跟别人的不一样。

生 3：我幻想未来的衣服是如果溺水的话，它会自动浮起来，不会让你溺水。

师：特别有珍爱生命的意识的孩子，幻想的衣服是关键时刻可以救命。

生 4：我幻想的是未来的衣服穿在身上，可以根据你的身材自动裁剪大小，而且它还可以驱蚊呀，变换样式，根据心情变换不同的样式。

师：这太神奇了！可以根据心情的变化随便改变衣服的样式。哎，说不定哪天你的幻想真的就变成了现实呢！好，接下来我们来读读文本，看看作者幻想的未来的衣服又是怎样的。

（生阅读文本《未来的衣服》）

师：作者幻想的未来的衣服是怎样的？

生 1：是一层护霜。

师：原来作者幻想的未来的衣服不是你们所幻想的那些衣服，它只是一层膜，涂在身上的一层护霜。这个幻想现在实现了吗？

生 2：没有。

师：我们现在来讨论一下，你觉得这样的衣服未来会不会实现啊？

生 3：我觉得不能。万一这样的话，我觉得肯定会冻死。

师：那可不一定，万一它可以冬暖夏凉呢？

生 4：我觉得可能吧。因为虽然现在还没有这种物质，但是将来通过科学家的研究，是有可能发明这种物质的。

师：好多孩子还有话说。那这样，老师问你们一个问题：如果有这样的衣服，你会不会穿？

生 5：我一定不会穿，太暴露了。

师：你是个男生都怕太暴露了坚决不穿，那我来问问女生呢，你们穿不穿？

生 6：我肯定不会穿的，暴露是一回事，关键是它根本就不漂亮。

生 7：我也不想穿，因为它不像我们现在的衣服，还不方便，万一哪里没涂好缺损的话，还要补涂。

师：也是哈，万一屁股那个地方破了个小洞的话，那多丢人呀！

生 8：我会穿。

其余学生：啊？！

生 8：游泳的时候，下面的水比较凉，如果穿上这样的衣服的话，就不会感到那么冷了。

师：这个孩子是在特定的场景下穿，把它当作泳衣来穿。那平时上学你穿不穿？

生 9：不穿（大笑）。

师：这种未来的衣服截至目前实现了吗？

生：没有实现。

师：这种衣服还没有实现，你们都选择不穿，那你们前面斩钉截铁地说科幻小说中的未来都可以实现，你们现在怎么看这个问题？

生：应该说科幻小说中的未来有的会实现，有的即使可以做到，但是也可能实现不了，就像那个用护霜代替衣服的设想我们就觉得有点悬。

师：那谁来说说科幻小说跟现实究竟有着怎样的关系？

生 1：科幻小说一般还是比较贴近现实。

生 2：科幻小说都比较大胆，而现实都比较严谨。

生 3：科幻小说都是因为现实有缺陷，所以才在小说中幻想未来。

生 4：科幻小说中的未来都是基于现实的基础上的，比如说未来的衣服是在我们现在的衣服的基础上增加一些科技的东西，再比如说飞机，之前是人们看到鸟，幻想可以像鸟一样飞翔，最后发明了飞机。

师：我特别喜欢这个孩子刚才发言中的两个关键词，第一个：现实的基础。我们读的这四个文本中都可以看到现实的基础。里面有人，有人类的生活；再有一个呢，科幻小说中的幻想不是虚幻地想，它有很多科技的元素，想通过科学技术来实现对现实的改变。有人说，科幻小说真的可以为科学技术的发展提供对未来的有价值的预见。关于这个问题，我们来听听《三体》的作者刘慈欣是怎么说的。

（视频播放对刘慈欣的介绍及刘慈欣电话采访画外音）

师：到底是科幻预测了未来，还是我们让科幻变成了现实，这值得我们每一个人去思考。总体来看，科幻小说中的未来，并不是完全漫无边际的幻想，而是未雨绸缪，为应对未来难题而做的提前准备。就像我们的课文第 8 课《呼风唤雨的世纪》中说的那样——

生：（齐读 PPT）："人类生活的舒适、方便，是连过去王公贵族也不敢想的。科学在改变人类的精神文化生活，也在改变着人类的物质生活。"

师：优秀的科幻小说很多，有兴趣的同学可以去关注一下以下作品：（PPT 出示"《帝国反击战》《星际迷航》《变形金刚》《三体》……"）这些作品涉及的科技有人工智能、基因存储、实时翻译、激光技术等，相信你们会喜欢。请大家记住：敢于想象才能成就伟大！今天的课就上到这儿，下课！

附：文本资料

第八单元：科幻小说中的"未来"

选文 1：

小说简介：《2055，冰冻少年复活》于 2015 年在国内上市。该故事讲述了 12 岁男孩徐若宣在一次家庭旅行中遭遇雪崩被埋。47 年后，他被比古医生解冻复活，惊奇地发现自己到了 2055 年，世界已经变成他不认识的样子了。《未来的衣服》即为《2055，冰冻少年复活》中的一部分。

未来的衣服

[马来西亚]许友彬

我终于见识了护霜。这个叫"宝贝"的女孩儿身体上有一层薄膜，那一定就是护霜了。

她上半身的护霜是湖蓝色的，布满星星点点的银光；下半身的护霜是粉红色的，带着淡淡的荧光。

宝贝从墙上跳下来，打量我一番，然后在床上笑得直打滚。

"喂喂喂，你笑什么？"

"哈哈哈哈……"宝贝捂着肚子，喘着气说，"你让我笑死了，还真的穿了衣服！你去哪里偷的衣服？这种古董，可不便宜呀！你用它来搞笑，不怕弄坏它吗？我爷爷的衣服，从来都不让我们碰。"

把我的衣服形容成古董，未免太夸张了。

"这是我自己的衣服，不是偷来的！"

光明磊落的徐若宣从来不做偷鸡摸狗的事！

"你自己的？是你爷爷留给你的吧？"

　　我说了她还不相信，真被她气死了。

　　宽宏大量的徐若宣会原谅无知的人。

　　"我，自，己，的。"

　　"我爷爷说，现在已经没有人会做衣服了。"

　　宝贝只有 10 岁，知道的事情不多，我原谅她。

　　"我爷爷还说，以前的人的衣服，是用棉花做的，用花做的，一定很美。我没有见过棉花。你见过棉花吗？你一定没有见过棉花，你才比我大两岁。我出世时，世上已经没有人种棉花了。爷爷说，棉花好像天上的云一样，可以拿来做衣服，可以拿来做枕头，也可以拿来睡觉。睡在棉花上，就像睡在白云上，多好啊！"

　　宝贝陶醉在自己的幻想中，在床上摆成"大"字躺着。

　　"喂，宝贝，你不要睡着了。你跟我说清楚。你说我的衣服是古董，你说现在已经没有人会做衣服了，你说 10 年前世界上已经没有人种棉花了。这些都是真的吗？"

　　我看着宝贝身上奇怪的护霜，想到了可怕的事情，心里直发毛。

　　"当然是真的，我爷爷不会骗你的。"

　　"宝贝，你知道现在是什么年代吗？"

　　"55 年啊。"

　　"什么？"

　　"55 年。你不知道吗？"

　　天哪，不要捉弄我！我要晕了！

　　"宝贝，你再说一次，今年是 1955 年，还是 2055 年？"

　　"当然是 2055 年！你的问题很奇怪。"

　　完蛋了，我出生于 1996 年，今年是 2055 年，2055 年减 1996 等于 59。我居然来到了未来？！

选文 2：

　　小说简介：《小灵通漫游未来》是我国的第一本科学幻想小说，

出版于 1978 年 8 月。该故事讲述了小记者小灵通漫游未来市的种种见闻和感受。《未来市的学校》即出自《小灵通漫游未来》这本小说。

未来市的学校
叶永烈

小燕走后，剩下小灵通与小虎子，他们俩叽里咕噜聊起来了。他们都是话匣子，哗啦哗啦聊个没完。

"你们上课，是到学校里去上呢，还是坐在家里的电视机前面听课？"小灵通好奇地问。

"我们每天都是到学校去上课。因为如果老师坐在电视台里，学生看得见老师，但是老师看不见学生，没法知道学生听课用不用心？听没听懂？有没有什么问题？现在只有在晚上复习功课时，老师才到电视台去。我们在复习的时候，有什么不懂的地方，就把电视机的电钮旋到老师讲课的频道，用半导体电视电话机打电话给老师。"

"你们的学校大吗？"

"很大，有 3000 多人。凡是小学毕业的，全部都升入初中。也有的小学没毕业，成绩优异就跳级升入中学。"小虎子说，"我们的教室很宽敞，座位是阶梯式的，一排比一排高。即使坐在最后一排，也用不着伸长脖子看银幕。"

"什么？你们教室里挂银幕？"

"是呀，我们的教室很像电影院，银幕非常大，挂在前面墙壁正中间。"

"那黑板呢？"

"在我们教室里，主要是白板——银幕。"小虎子摇晃着脑袋说，"上课时，老师讲到什么，银幕上就出现什么。放映机的光线是从后面照射到银幕上的，光线很强，尽管教室里的窗户全敞开着，银幕上的画面还是非常清楚。"

"这么说，你们上课就是看电影，可轻松啦！"

"不，一点儿也不轻松。这不是在看什么童话片、故事片，这是在看教学影片呀。我们都是一边非常专心地看着银幕，一边用心听老师讲解。"

"你们听课时，记不记笔记？"

"本来是记的。后来，很多老师都觉得，学生在上课时忙着记笔记，常常会影响听课。现在制造出一种电子仪器，叫'写话机'。"

"什么'写话机'？"

"喏，就是这个东西！"小虎子从书包里拿出一个小方盒给小灵通看，他按了一下开关，那小方盒里便不断送出白色的纸来。而且纸上马上出现一行行端端正正的字。

"这是怎么回事？"小灵通问道。

"这写话机，它能自动把老师的讲话变成文字记录下来。我们上课时认真听课，用不着记笔记了。回家做作业时，再打开写话机进行复习和认真书写。"

"这写话机，对于我们新闻记者来说，实在太好了。"小灵通很感兴趣地摆弄着那方盒子，说道，"有了写话机，我们采访时，就可以专心致志地跟被采访者谈话了。"

选文3：

小说简介：《漫游2050》发表于2001年。该故事讲述了男孩阳子乘坐时间机器，来到了2050年的幻想城，并领略了科技发展给人类生活带来的巨大变化。《智能汽车与智能公路》即节选自这本书。

智能汽车与智能公路
莫幼群

一个阳光灿烂的早晨，阳子起得很早，因为今天冰波、雪凝兄妹要带他去游览中心城市市容。

门外停着一辆橘黄色流线型小汽车，冰波招呼阳子上车，阳子刚坐进车里，就发现情形有些不对。

"有没有搞错啊，我可不会开车，怎么让我坐在驾驶座上？"

"不用担心，这辆车自己会开起来的。"坐在他旁边的雪凌笑了，她指着方向盘上的一个红色按键说："你只要按一下这个键就行了。"

阳子有些迟疑地按了按，车子轻微地一动，竟真的缓缓开了起来。

原来，这是一辆智能汽车。它由"眼""脑""脚"三部分组成。一只由电视摄像头组成的道路识别装置是"眼"，一台小型电脑是"脑"，由电信号控制的自动操纵车就是"脚"。

坐进这样的智能汽车，只要在电脑上设定目的地，再按下"行"的按键，汽车便完全自动操作，驶向你要去的地方。在错综复杂的情况下，它"眼疾手快"，会自动加速、减速和刹车，还会选取最佳方案来控制和指挥汽车的运行。乘车的人完全可以坐在后座，闭目养神，翻阅书报，或者和人谈天说地。"不要和司机说话"的时代一去不复返了。

车子越开越快，很快达到了200公里/小时，阳子不免又有些担心，"不会出事吧？"他问。

"不会！这是一条智能公路，是用各种高新技术来装备的。在这条公路上开车，你一百个放心，不用害怕出现撞车、堵车或其他交通事故。"

智能公路，实际上就是将汽车、公路以及驾驶者之间的信息传送实现"智能化"。公路两旁设置有监测器，时刻注视着每辆车的动向。汽车驶过时，它会把车流信息通知路边的数据搜集器。数据搜集器迅速对搜集到的信息进行处理，再传送给总指挥——交通自动控制系统。自动控制系统会根据情况，向汽车上的小型电脑——"自动向导"系统发出信息，指挥车辆选择最佳路线，安全行驶。

"前方塞车，请减速，进入环形立交枢纽，在第三个路口左拐，完毕。"

　　这时，阳子听见车上的自动向导系统说话了。当道路出现拥挤、阻塞以及大雾、交通事故或其他危害时，交通自动控制系统就会向车上的"向导"发出警告，并帮助人们寻找最佳的出路。

　　阳子想，在 2000 年，交通事故已上升为危害人类的头号杀手。如今有了这样的智能汽车和智能公路，人类终于找到对付这个血腥杀手的办法了。

选文 4：

　　小说简介：《海底两万里》发表于 1869 年，该故事讲述了法国生物学家阿龙纳斯在海洋旅行的所见所闻。

潜水艇
[法国]儒勒·凡尔纳

　　我们现在是躺在一只潜水船的脊背上。

　　"那么，这只船里面是不是有一套驾驶机器和一批驾驶人员？"我说。

　　"当然有，"鱼叉手答，"不过，我上这浮动小岛已三小时了，它还没有一点动静。"

　　"这船一直没有走动吗？"

　　"没有走动，阿龙纳斯先生。它只是随波漂荡，而不是它自己动。"

　　"可是，我们都知道，它移动的速度很大。正因为它有这样的速度，所以就必然有一套机器，和一批操纵机器的人……"

　　这时候，好像是为了要证明我的论据是对的，这个奇异东西的后面沸腾起来，它现在开行了，推动它的分明是那推进器。我们赶快紧紧把住它那浮出水面约八十厘米的上层。还算运气，它的速度并不十分快。

　　"它如果就这样在水平面上行驶，我倒一点不在乎，"尼德·兰低声说，"但是，如果它忽然异想天开沉到水底下去，那我的性命就靠不住了!"

加拿大人说得一点不错。所以,最要紧的是赶快想办法跟里面的人取得联系。我想在它上层找到一个开口,一块盖板,用专门术语来说,找到一个"人孔";但一行行的螺丝钉很清楚、很均匀,把钢板衔接得十分结实,无缝可寻。

而且这时,月亮又消逝了,我们是在一片深沉的黑暗中。只好等到天亮,才能想法进入这只潜水船的内部。

所以,我们的命运是完全由指挥这机器的神秘的领航人的意思来决定了。如果他们潜入水中,我们便完了!

到早晨四点左右,这船的速度增加了。我们被拖得头晕眼花,有点吃不消了,同时海浪又直接向我们打来。很幸运,尼德·兰一下子摸到了一个钉在钢背上的大环,我们就牢牢地挽住它,才不至滑倒。

最后,长夜过去了。天亮了。

朝雾笼罩着我们,但不久就消散了。我正要仔细观察一下上层形成平台的船壳的时候,我觉得船渐渐下沉了。

"喂!鬼东西!"尼德·兰喊着,用脚狠踢钢板,"开门吧!"

但在推进器拨水的隆隆声响中间,想叫人听到他的话是不容易的。很幸运,船一会儿又不往下沉了。

突然,一片猛然推动铁板的声音从船里面发出来。一块铁板掀起了,八个又高又大的壮汉,蒙着脸,一声不响地走出来,把我们拉进了他们的可怕机器中。

像闪电一般快,他们粗暴地把我们架进这只潜水船中。我的伙伴和我,简直连辨明方向的时间都没有。

【名家点评】

教会学生在阅读中思考

西南大学教授、博士生导师、教育学部副部长　于泽元

　　李海容老师执教的《科幻小说中的未来》是让人叹为观止的。让人赞叹的不仅在于她有着敏锐的时代意识，抓住了最为前沿的科幻小说，更在于她精巧的设计和前沿的阅读教学理念。

　　这节课最大的亮点，在于其设计的精巧。首先，她通过巧妙的选文，把发表在过去不同时代的三篇科幻小说：《潜水艇》《未来市的学校》《智能汽车与智能公路》与 2015 年发表的科幻小说《未来的衣服》结合起来，形成一组对比强烈而又焦点突出的群文，为群文阅读的展开奠定了良好的基础。其次，围绕着"科幻小说中的幻想是否可以实现"这一问题，先让学生阅读已发表的过去的文本，发现过去的科幻小说所描写的在当时足够骇世惊俗的东西到现在都已经变成了现实，甚至现实在一定程度上超越了过去的科学幻想，从而让学生认识到：原来科幻小说的东西并不是不可以实现的，作者原来的幻想是有一定的科学依据的。而后，再让学生阅读《未来的衣服》，里面所描述的未来的衣服好像不可思议，但前面的阅读经验让学生体悟到，这样的科幻依旧可以实现。焦点十分明确，结构十分清晰，表现了李老师超强的文本选择能力和把握能力。

　　这节课很好地培养了学生的高阶思维。高阶思维与一般思维的不同，在于它并非是通过学生简单的记忆和应激反应就可以生成的，而是通过系统的思考达到内在的建构。在这节课上，孩子们通过对前三篇文本的阅读，并对照现实生活的视频材料，最终发现过去所设想的未来情景今天已经转化为现实。通过《未来衣服》的阅读，发现最近出现的科幻小说中的未来好像还不那么可信，但尽管如此，科幻小说还是可以让人类展开想象的翅膀，推动未来的发展。在此过程中，学生在"过去的未来"与现在、"现在的未来"中穿梭，思想产生了激烈的碰撞，并发现了科幻小说的奥秘与推动科学发展的价值。相信经过这样的课堂，学生会有更多的思考，会有更多的想象，对科幻小说也会更加着迷。

　　李老师的这节课还生动地体现了"在阅读中学会阅读"的先进理念。我国的阅读教学经历了从教课文到教阅读、教方法这样的转变。尽管这种转变是有益的，但是许多老师都把重点放在教师的"教"而非学生的"学"上，在很大程度上导致了阅读教学的课堂上学生并未怎么阅读的"奇观"。然而阅读作为一种重要的阅读实践，必须经由实实在在的实践过程，学生才能够真正获得阅读素养。在李老师的课堂上，她始终关注学生的阅读体验，课堂教学的展开是围绕着学生的阅读理解来展开的，并在学生阅读理解的困难之处予以巧妙的点拨。李老师并没有去"教"，其所做的正是这种基于学生阅读的引领，其价值不在于教给学生如何理解科幻中的幻想，而在于引领他们发现文本中的信息，并利用文本中的信息来加大阅读的困惑，从而让学生亲历阅读，在阅读中获得真切的成长。

六年级群文阅读课《古诗中的酒》

　　读古诗，慢慢品，定能带你从字里行间感受到诗句的无穷魅力。

　　如果换一种读法，把一组古诗放在一起，带着学生不断地阅读、梳理、比较、统整，会碰撞出怎样别致的火花呢？

　　教育部西南基础教育课程研究中心和重庆树人教育研究院于2018 年 11 月 22—24 日在重庆人民大礼堂举行了全国第八届儿童阅读与语文创意教学观摩研讨活动暨全国第六届小学语文群文阅读现场课大赛活动，来自国内外的多位儿童阅读专家以及全国二十多个省市的 3700 多名小学语文教师参加了本次活动。成都市锦西外国语实验小学李海容名师工作室成员陈明华老师执教了一节古诗的群文阅读课《古诗中的酒》，代表四川省参加了本次现场课竞赛并荣获特等奖第一名，充分展示了近年来学校和工作室在群文阅读教学研究中的思考与取得的显著成效。

【教学设计】

执教年级：

六年级。

选文篇目：

《送元二使安西》《过故人庄》《月下独酌》（节选）《凉州词》。

教学目标：

　　1. 诵读一组古诗，在理解诗意的基础上，体会诗歌表达的情感。

　　2. 引导学生发现诗人饮酒的原因及场景，并在比对读议中结构化地理解诗中酒与情、景之间的关联。

3．感悟"酒"在古诗中独特的意韵。

教学重难点：

探索喝酒之因、喝酒之景与喝酒之情之间的关联。

教学过程：

（一）猜测酒字，揭示课题

同学们，这是一幅画，也是一个字。猜猜看，是哪个字？怎么看出来的？

这是甲骨文形态的"酒"字。后来，古人又在旁边加了水的象形符号，这就更接近今天的"酒"字了。

甲骨文时代就有"酒"字，说明了什么？

中国古代有酒，还有古诗。当古诗与酒相遇，会碰出怎样的火花呢？

今天，我们就来聊一聊这个话题，一起读课题。

设计意图：借"酒"字演变源头的探索，了解中国酒文化的源远流长，同时自然引出本课议题。

（二）为酒命名，习得学法

1．读通读顺

大家之前已对四首古诗进行了预习。我们先来看看其中的这一首古诗，（PPT出示《送元二使安西》）请个同学来读一读。

（根据学生朗读情况做必要正音）

诗读正确了，意思知道吗？请结合题解、注释和译文看一看，试着用自己的话说说诗句的意思。

请个同学来说一说诗句意思。

2．为酒取名

诗中的酒在哪里？找找相关的句子。

王维又一次端起的这杯酒，是一杯什么酒呢？我们来试着给这酒取个名字吧。说说你的理由。

（学生表述所取酒名及原因，顺势请学生上台去板书所取酒名：送别酒、关心酒、友情酒、不舍酒、担忧酒、故人酒……）

不简单，同学们赋予了王维这首诗中的酒这么多名字。

3. 喝酒之情

咦，同学们取的酒名中，（在学生板书的酒名中，标出与情感有关的酒名）这些名字都和什么有关联？

看来，酒中包含着诗人送别朋友时丰富的情感。

4. 喝酒之因

而这一个题目，（送别酒）则道出了诗人喝酒的什么？

这，是诗人喝酒的原因。

我们回到诗中来看看，这是一场怎样的送别呢？（PPT 出示元二出使安西的行进路线地图）

找找长安，找找渭城，再找找安西，你看出了什么？

如此遥远艰辛的路途。这一别，不知何时才能再见；这一别，甚至不知还有没有机会再见！所以，老朋友，再喝一杯吧！读读诗人劝饮的诗句。

看来，喝酒时的情感，和喝酒时作者经历的事情有关。

5. 喝酒之景

再看看，诗人在怎样的环境中喝酒的呢？

喝酒时诗人看到的这些景，和诗人喝酒时的情感之间有没有关联呢？

（播放《折柳送别典故》微课视频）

原来，诗中的柳，还有如此的深意！来，读出他们的依依不舍。

（生：渭城朝雨浥轻尘，客舍青青柳色新。）

原来，这浥尘的朝雨，这青青的柳色，都是诗人情感的代言人，读。

（生：渭城朝雨浥轻尘，客舍青青柳色新。）

正因为有此情，有此景，诗人才会端起酒杯，读。

（生：劝君更尽一杯酒，西出阳关无故人。）

因为情到深处，才会一次又一次端起酒杯。读。

（生：劝君更尽一杯酒，西出阳关无故人。）

6.统整关联

（整理刚才探索发现的内容，引导学生进行统整）关于这首诗中的酒，你有什么发现？

喝酒之因	喝酒之情	喝酒之景
送别	不舍，关心 ……	朝雨，柳色 ……

学生畅谈发现。

（师小结）

的确，喝酒的情感，与诗人所经历的事、所看到的景有关联。

是呀，王维和元二喝的还仅仅是一杯普通的酒吗？这酒中包含着什么？

眼前的一切，心中的一切，都汇集成为浓浓的情意，融入了这一杯又一杯的酒中。

（板书"情融酒中"）

再来读一读这首诗吧！

设计意图：聚焦于"1"，即《送元二使安西》，在读通读顺读懂的基础上，借"为酒取名"这一活动，自然地引导孩子由语言层面走到诗歌文字的背后，关注诗人"喝酒之因""喝酒之景""喝酒之情"，并引导孩子去发现诗中与"酒"有关的这三个维度间的关系，感受诗人表达的情感，及融情于酒的表情方式。

（三）寻因入景，探酒之味

1. 明白要求

这样来读古诗，能有更多的发现。我们用这样的方法，来读读另外的两首诗。一组同学探索《过故人庄》，另一组同学探索《月下独酌》（节选）。

开始之前，请个同学来读一读自学提示。

（生：自学提示：① 自读古诗，借助注释、题解、译文理解诗意。② 填写学习单。③ 想想诗人"喝酒之情"与"喝酒之因""喝酒之景"之间，有什么关联。）

篇目	喝酒之因	喝酒之情	喝酒之景
《过故人庄》			
《月下独酌》			

2. 学生自学

请独立阅读思考，完成学习卡的填写。

（学生填写学习卡）

3. 分享交流

在小组内分享一下，说不定你会受到启发，可以进一步修改你的批注。

（全班交流《过故人庄》）

谁来结合你填写的学习单，说说关于这首诗中的酒，你有什么发现？

这一首中孟浩然喝酒的情感，和什么有关联？

此时此刻，此情此景，尽在酒中，再朗读一下这一首诗歌。

（全班交流《月下独酌》）

结合填写的学习单，说说关于这首诗中酒的发现。

这首诗中李白喝酒时的情感，又和什么有关？

诗仙李白，也被称"酒仙"，这一首《月下独酌》，只是他170多首与酒有关的诗中的一篇。李白的酒诗中，有丰富的情感，有独特的视角，有非凡的才气，有超然于众人的人生态度。

女生读一读这首诗，能读出他的寂寞吗？

男生读一读这首诗，能读出他的乐观豁达吗？

同学们，化身为你心中的那一个李白，读出你理解的酒的滋味吧！一起读！

4. 再次统整

梳理三首诗的探索成果，以表格形式呈现：同学们，探究完了三首诗，有没有什么新的发现？

（学生畅谈发现）

看来，喝酒之情受诗人经历与喝酒场景的影响，不是《送元二使安西》所独有的。这也是几首诗共同的一个规律。

是呀，不同的际遇，不同的个性，不同的情景，决定了诗人喝酒时情感的不同。同样只是一杯酒，情感不同，喝出的滋味便不一样了。

（板书"酒随情变"）

5. 补充阅读

（出示《凉州词》）还有一首诗，来，一起读读。

这首诗中的酒也有情，结合喝酒的原因，喝酒的场景，看一看，和前边几首诗有什么不同？

请在学习小组内交流一下你的发现。

（全班交流）

是呀，前边三首诗的酒中所包含情感，虽各有差异，但又有一个共同点——都是个人在特定经历中的情感。而《凉州词》的酒中之情，则超越了个人悲喜，表达的是将士们的家国情怀！

老师和同学们一起合作朗读，感受这杯酒中的悲壮与豪迈吧！

设计意图：由《送元二使安西》这"1"的共同探究，过渡到

《过故人庄》《月下独酌》（节选）等"X"的自主探究和交流分享，在引导学生将所习得的学法进行实践的同时，也进一步去印证从前诗中所发现的"因""景""情""酒"间关联的规律。充分研究、汇报、品读感悟之后，在三首诗的统整中发现，三首诗规律虽相同，但从纵向来看，不同诗中，诗人饮酒之因、之景、之情又有所不同，以此理解诗中酒丰富多元的内涵。在此基础上，再引入第四首诗《凉州词》，求同比异，感受"酒"除了寄托个人悲喜，也能承载家国情怀的宏大精神内涵与主题。这样，一步一步，由单篇到群文，以"酒"为媒，伴随着学生对"诗"的理解，对"情"的感悟，对"人"的关注，学生"比对""研究""欣赏"等思维能力也得到提升。

（四）关联诗酒，感悟情怀

1. 写酒之因

现在，我们把四首诗放在一起看，四首诗都写到了酒，诗人是为了给我们介绍酒吗？当然不是，那为何四诗人不约而同地把酒写进了诗中呢？

2. 分享交流

请同学们在小组内发表一下你的观点，然后在全班交流。
（生交流）

因为中国的酒，已不只是物质的酒了，更是一种精神的酒。以酒寄情，情更浓。以酒入诗，意更浓！酒能寄托情感，也能催化情感。

3. 诵读感悟

离别已不舍，有了酒更不舍。读！
（生："劝君更尽一杯酒，西出阳关无故人。"）
欢聚时，很悠然，有了酒，更愉悦。读！

（生："开轩面场圃，把酒话桑麻。待到重阳日，还来就菊花。"）

独处已寂寞，有了酒，或许能品出超然与旷达。读！

（生："花间一壶酒，独酌无相亲。举杯邀明月，对饮成三人。"）

即便知道古来征战几人回，有了酒，也能笑傲沙场，视死如归！读

（生："葡萄美酒夜光杯，欲饮琵琶马上催。醉卧沙场君莫笑，古来征战几人回？"）

4. 结课升华

酒因情更浓，情也因酒更浓！（板书"情因酒浓"）当酒遇到无数情感丰富的诗人，便酿出了一篇又一篇千古传诵的名篇佳作。这些佳作，又反过来将中国的酒酿得更有文化气质，影响着一代又一代的人。这便是中国古代文人的"诗酒情怀"。

设计意图：学完四首诗，再从整体上去探究"酒"与"诗"的关系，进而明白，"酒"作为古代诗人常用意象之一，除了因其物质特性可以"浓情"，更因与酒有关的这些佳作、这些情感、这些诗酒人生，赋予了中国之酒丰富的精神内涵。诗中之酒胜于酒，饮者能与古人共鸣，读者也能与古人共情。学生对"古诗中的酒"这一议题的探索，在回归诗歌表达这一"语用"大地的同时，还能展翅飞向更广阔的天空——对诗酒"文化"有了更深刻的审美体验和感悟，对更多同类诗歌及背后的精彩人生有了更强烈的阅读期待。

板书设计：

古诗中的酒

送别酒		情融酒中
不舍酒	**喝酒寄情　写酒达情**	酒随情变
友情酒		情因酒浓

群文阅读的课堂需要走一步，再走一步

　　陈明华老师执教的《古诗中的酒》一课，参加全国第六届群文阅读现场课竞赛荣获特等奖，给听课老师留下了深刻印象，带给我们诸多启示。

　　如何围绕议题选文？这节课的议题是《古诗中的酒》。围绕这个议题，教师设定的教学目标中有两个关键目标，一是引导学生发现诗人饮酒的原因及场景，并在比对读议中结构化地理解诗中酒与情、景之间的关联；二是感悟"酒"在古诗中独特的意韵。在浩如烟海的古诗词作品中，与酒相关的很多，究竟选择哪几首作品？陈老师独具匠心地选择了《送元二使安西》《月下独酌》《过故人庄》《凉州词》这四首作品。四首作品中都写到了酒，每首作品中的酒滋味都不尽相同。《送元二使安西》那杯送别酒表达的是对友人远行的不舍和关心。《月下独酌》"无相亲"的酒里，满含孤独，更有一份独属于李白的洒脱与豪放。《过故人庄》里的酒充满故友相聚的欢欣、闲适。《凉州词》里的酒豪放中有悲壮，悲壮中又有着令人震撼的浩然气。四首诗有共同的地方，又有不同的地方。同样是和友人喝酒，王维和孟浩然喝出的是不同的情感；同样是喝酒，前三首重点关注的是个人的情绪，《凉州词》的醉卧沙场却超越了个人的悲喜，有着一份保家卫国的家国情怀。这样的一组文本，就很利于学生在"比对读议"统整过程中有新的发现。

　　如何将一组文本结构化地进行处理？可以说，老师课堂上对一组文本的合理运用与否，直接决定了是否能将文本价值最大化。如果只是让学生读了四首古诗，不对这四首古诗做结构化的统整，那就只是完成了"读得多"的浅层次群文阅读。而群文阅读不仅是要让学生读得多，还要让他们读得更加深入一点，帮助学生抽丝剥茧般在文本中走一步，再走一步，逐步发现隐藏在文本之中的密码。明华老师的这节课对四首古诗做了非常巧妙的结构化处理，从喝酒之因、喝酒之情、喝酒之景三个维度，水到渠成地建构出了"情融酒中、酒随情变、情因酒浓"的新认知。

陈老师课堂行进中结构化的过程是如何完成的呢？我们来看看明华老师课堂教学的几个关键环节：首先，得法。通过对《送元二使安西》的学习，让学生亲历如何从诗句中探寻诗人"喝酒之因""喝酒之景""喝酒之情"三个维度间的关系，从而感受诗人表达的情感以及融情于酒的表情方式。这是本节课基于一首诗的结构化理解。其次，用法。让学生运用这样的方法，自主探究《过故人庄》和《月下独酌》两首诗中"因、景、情"之间的关联。既有学法的迁移，更重要的是，将三首诗通过比较分析之后，得出了"不同的际遇，不同的个性，不同的情景，决定了诗人喝酒时情感的不同。同样只是一杯酒，情感不同，喝出的滋味便不一样了"的结论。这是这节课的第二次结构化的理解——将三首古诗作结构化的统整梳理。明华老师最妙的是带着学生进行的第三次结构化理解，那就是对《凉州词》一首诗的处理："这首诗中的酒也有情，结合喝酒的原因，喝酒的场景，看一看，和前边几首诗有什么不同？"这个问题直接指向的是比异。学生通过对"因、景、情"的比对，又一次结构化地统整出这首诗和前面三首诗的不同之处：前边三首诗的酒中所包含情感，虽各有差异，但又有一个共同点——都是个人在特定经历中的情感。但《凉州词》的酒中之情，除了有个人情感外，还有一份边疆将士们的家国情怀。

课上到此，还能否更往前一步呢？答案是显然的。明华老师在结构化地理解了"酒随情变"后，又大胆地抛出了一个颇具挑战性的问题："四首诗都写到了酒，诗人是为了给我们介绍酒吗？当然不是，那为何诗人不约而同地把酒写进了诗中呢？"一问激起千层浪，在交流、诵读中，学生进一步认识到，诗中的酒，已不只是物质上的酒了，更是一种精神的酒。以酒寄情，情更浓。

以酒入诗，意更浓！酒能寄托情感，也能催化情感。当酒遇到无数情感丰富的诗人，便酿出了一篇又一篇千古传诵的名篇佳作。这些佳作，又反过来将中国的酒酿得更有文化气质，影响着一代又一代的人。这，便是中国古代文人的"诗酒情怀"。这样层层递进的阅读与思考，让学生的思维不断向外、向纵深发展，走一步，有新发现，再走一步，又有新发现！这就是群文阅读课堂努力追求的对学生高阶思维能力的培养。

附：文本资料

选文 1

送元二使安西

[唐] 王维

渭城朝雨浥轻尘，

客舍青青柳色新。

劝君更尽一杯酒，

西出阳关无故人。

【题解】

诗人王维的好朋友元二即将出使安西。安西，是唐中央政府为统辖西域而设的都护府的简称，那里距长安路途遥远。元二的出使行程充满艰辛。王维在渭城与元二依依惜别，写下了这一首诗。

【注释】

元二：诗人的朋友，姓元名常，在家中排行第二，王维称他元二。

使：出使。

渭城：在今陕西省咸阳市东南，即秦代咸阳古城。

朝（zhāo）雨：早晨的雨。

浥（yì）：湿润。

客舍：客栈，旅馆。

更：再。

阳关：在今甘肃省敦煌西南，自西汉始，就是通往西域的门户。

故人：老朋友。

【参考译文】

早晨的细雨湿润了渭城的轻轻尘土，客栈外青青的柳色也焕然一新。我想真诚地劝您再喝一杯酒，往西出了阳关便再难遇到老朋友了。

选文 2

过故人庄

[唐] 孟浩然

故人具鸡黍，邀我至田家。

绿树村边合，青山郭外斜。

开轩面场圃，把酒话桑麻。

待到重阳日，还来就菊花。

【题解】

这首诗叙述了作者受邀到农家做客受到热情款待的经过，描写了山村风光和朋友欢聚的生活场景。在淳朴自然的田园风光之中，主人与客人举杯饮酒，闲谈家常，也充满了乐趣，充满了朋友间的情意。

【注释】

过：拜访。

故人庄：老朋友的农庄。

具：准备。

鸡黍（shǔ）：鸡和黄米饭，这里指农家待客的丰盛饭食。

合：环绕。

郭：古代城墙有内外两重，内为城，外为郭。这里指村庄的外墙。

开轩：打开窗户。

面场圃：对着谷场和菜园。

话桑麻：闲谈农事。

还（huán）：返回。

就菊花：赏菊，也指喝菊花酒。古人有重阳饮菊花酒的习俗。

【参考译文】

老朋友准备了好菜好饭，邀请我到他的农家做客。绿树在村边环绕，青山在郭外延伸。打开窗户对着谷场和菜园，一边饮酒一边闲谈着农事。等到重阳节那一天，再回来赏菊喝酒。

选文 3

月下独酌（节选）

[唐] 李白

花间一壶酒，

独酌无相亲。

举杯邀明月，

对影成三人。

【题解】

这首诗约作于唐玄宗天宝三年，当时李白正处于官场失意之时，政治理想不能实现，心情是孤寂苦闷的。但他面对黑暗现实，没有沉沦，没有同流合污，而是追求自由，向往光明，因有此作。

【注释】

独酌（zhuó）：一个人饮酒。酌：饮酒。

无相亲：没有亲近的人。

邀：邀请。

【参考译文】

带着一壶美酒在花丛间，独自饮酒无人相伴。举起酒杯邀请明月，对着身影便有三个人了。

选文 4

凉州词

[唐] 王翰

葡萄美酒夜光杯，

欲饮琵琶马上催。

醉卧沙场君莫笑，

古来征战几人回。

【题解】

全诗写艰苦荒凉的边塞的一次盛宴，描摹了边塞将士们开怀痛饮、尽情酣醉的场面。边塞荒寒艰苦的环境，紧张动荡的征战生活，使得边塞将士很难得到一次欢聚的酒宴。诗中那开怀痛饮、一醉方休的场面与将士们的壮志豪情，读来震撼不已。

【注释】

夜光杯：华贵而精美的酒杯。

欲饮：正要喝酒。

催：催人出征；也有人理解为鸣奏助兴。

沙场：平坦空旷的沙地，古时多指战场。

君：你。

【参考译文】

葡萄美酒盛在精美的夜光杯中，正想开怀畅饮，传来了催促的琵琶声。即使醉倒在沙场上，也请您不要笑话。自古男儿出征，有几人活着回家？

统编版教材二年级上册
《狐狸分奶酪》教学设计

我的思考：抓住关键词句提升语言能力

　　小学低学段的阅读目标中明确指出："阅读浅近的童话、寓言、故事"。童话这种文体的语言是最接近儿童的语言，所以在童话教学中，要重视学生的语言能力的培养。《狐狸分奶酪》是统编版教材二年级上册的一篇课文，课文通过描写一只狡猾的狐狸借口帮助两只小熊分奶酪，趁机把奶酪全部吃完的故事，表现了狐狸的狡猾和小熊的愚笨。语言是思维的外显，在教学中，该如何紧抓低段学生思维发展确立教学目标，教会学生将自己的读书感悟通过语言表达出来？抓关键词句，体会字词作用，从而实现语言文字运用能力的提升。

【教学设计】

第一课时

教学目标：

1. 初读课文，了解课文大意，提出想了解的问题。
2. 自主学习生字，正确书写生字。

教学过程：

（一）揭示课题

1. 出示奶酪图片：谁认识这是什么东西？简介奶酪，出示词卡：奶酪。借助拼音认读，识记"酪"，说说用什么办法记住这个字？

2. 板书课题：看到这个题目，你有什么问题？

（二）初读课文，了解主要内容

1. 听老师范读课文，思考：奶酪是谁的？狐狸是怎么分奶酪的？

2. 自由朗读课文，借助拼音读准字音，边读边圈出生字带出的词语。

（三）学习生字

1. 把圈出的词语读给同桌听听。

2. 教师出示带拼音的词卡，指名同桌两个小朋友一起读。注意"俩、轮、剩、整"几个生字的读音。

3. 隐去词卡上的音节，开火车读词卡。

4. 给生字找朋友。

（1）出示字卡"始"，试着给它找找朋友，看看可以组成哪些词。

师：（出示字卡"始"）小朋友们，这个字读什么？

生：shǐ。

师：你能给它找找词语朋友吗？

生1：开始。

师：万物之初意为始，所以就有了这样一个词"开始"，你还能给它找找其他的朋友吗？

（2）出示词卡背后的词语：开始、起始、始终。

学生读一读，记一记。

（3）再用同样的方法学习"帮、便、整"几个生字。

5. 在黑板上出示十二个生字的字卡，学生分四人小组，每人选择一个不同的字，说说自己是如何记住这个字的。

6. 全班交流识记生字的方法。老师重点关注"醒、嚷、剩、整、瞧"几个笔画较多的字。

（四）指导学生读通读顺课文

1. 轻声自读课文，标出课文自然段。
2. 指名读课文，其他同学评价。
3. 指导学生读通顺易出错的句子：
"可是现在没咬过的那半块又大了一点儿！"
老师要引导学生通过试读，找出长句子朗读时恰当的停顿：
"可是现在/没咬过的那半块/又大了一点。"
体会词语情感，表现小熊的着急和不满，再读句子：
"可是，他们不知道怎么分这块奶酪，小哥儿俩开始拌起嘴来。"
师：在读的过程中，老师发现还有一句你们读得有点不通顺。
（出示句子，师范读后，再请生试读）
（出示"小哥儿俩"，借助熟字识记"俩"）
师：你有什么好办法记住它？（单人旁加"两"）
与熟字"两"区分比较，发现两者的异同。引出"俩"的意思。（两个人）
课文中"小哥儿俩"代表的是谁？（小熊兄弟）
联系生活拓展词语。（姐妹俩，母女俩）
全班再齐读句子。

（五）再读课文，思考完成填空

课文讲的是小熊兄弟捡到一块（奶酪），狐狸帮他们分（奶酪），结果把（奶酪吃光）了。

（六）指导学生书写"俩、吵、仔、咬、轮"五个左右结构的字

1. 观察五个生字共同点。（左右结构）
2. 请生说观察左右结构的字应该注意什么。（一看长短，二看宽窄。）

3. 指名生说五个字的长短与宽窄，发现五个字都是"左窄右宽"的字。

4. 强调"奶"的笔顺，师范写。

5. 生自主练习五个字。

第二课时

教学目标：

1. 理解课文内容，分角色朗读课文。

2. 对狐狸最后一段说的话提出自己的看法，并提出自己解决问题的方法。

教学过程：

一、复习引入

孩子们，这节课我们继续走进一个由"奶酪"引发的有趣故事，叫作《狐狸分奶酪》。

1. 复习生字，出示词卡。

（1）指名读词。

师：老师想考验一下你们，看看谁还能记得我们上节课学过的词语。

（2）开火车读。

师：火车，火车开到哪儿？

2. 课文内容回顾。

师：孩子们真能干，字宝宝和词宝宝都没有难倒你们。《狐狸分奶酪》讲了一个什么故事？你可以填一填吗？

[出示第一课时填空句子：课文讲的是（　　　　）捡到一块（　　　），狐狸帮他们分，结果把（　　　）了。]

二、学习课文内容，指导分角色朗读

1. 理出狐狸分奶酪的过程。

（1）狐狸是怎样分奶酪的呢？自己小声读课文，读完后完成以下学习单：

请按照狐狸分奶酪的先后顺序，把词语或词组选填在箭头里。

咬了一口　　掰成两半　　吃光　　不停地咬　又咬了一口

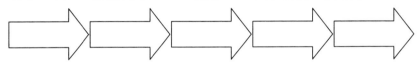

（2）和同桌交流填好的学习单。

（3）全班交流学习单的正确填写：

掰成两半—咬了一口—又咬了一口—不停地咬—吃光

（4）看了狐狸分奶酪的过程，你认为这是一只怎样的狐狸？你从哪里发现的？

生1：我觉得这是一只狡猾的狐狸，因为狐狸把奶酪吃光了。

生2：我觉得这是一只贪吃的狐狸，因为它不停地咬着奶酪。

2. 体会狐狸分奶酪的狡猾。

默读课文，用横线勾出描写狐狸的语句。

师：我们一起看看狐狸在分奶酪的过程中，是怎么说，怎么做的？

（1）出示以下句子：

"你分得不匀！"小哥儿俩嚷着，"那半块大一点儿。"

狐狸仔细瞧了瞧掰开的奶酪说："真的，这半块是大一点，你们别急，看我的——"说着便在大的这半块上咬了一口。

① 齐读句子，感受狐狸的狡猾。你从哪里读出了狐狸的狡猾？

生：我从狐狸仔细地瞧了瞧，感受到了狐狸的狡猾。

② 请生表演狐狸的动作，体会狐狸的狡猾。狐狸是怎么做的？谁来演一演？

③ 联系小熊的话想想，狐狸在想什么？动什么脑筋呢？

④ 狐狸真的同意小熊说的话吗？狐狸的目的是什么呢？

引导学生关注：狐狸为什么要"仔细地瞧了瞧"？他为什么要说"真的，这半块是大一点"？你觉得这是一只怎样的狐狸？

小结：狐狸"仔细瞧了瞧"是装着非常认真地在分奶酪，他要让小哥俩相信他不是故意分得不均的。这真是一只狡猾的狐狸。

⑤ 指导学生朗读这个句子，这真是一只诡计多端的狐狸，谁来读读？（"仔细瞧了瞧"，突出重音；"真的"要读得假装肯定）

（2）那块奶酪怎么了？怎么吃完了呢？谁来读第 9 自然段，

出示句子："狐狸就这样不停地咬着两块奶酪，咬着咬着，奶酪被他吃光了，一点儿也没剩下。"

（3）出示第一课时完成的学习单，请学生用"先……然后……又……最后……"的句式，把狐狸分奶酪的经过先试着和同桌说一说，再全班交流。

3. 再读课文前半部分内容，深入体会狐狸的狡猾。

指名读 1 至 5 自然段，说说你从这几个自然段中的哪些语句看出了狐狸的狡猾。

根据学生回答出示句子：

"这时有只狐狸跑了过来。"——你从哪个字发现狐狸很想吃奶酪？为什么？（"跑"说明狐狸很想吃奶酪）指导学生朗读，突出"跑"字，表现狐狸的迫不及待。

"'小家伙们，你们在吵什么呀？'狐狸问道。""吵"和第一自然段中的哪个词组意思是一样的？（拌起嘴来）狐狸真的不明白小哥俩为什么吵吗？

生：知道，因为上一段说狐狸看见小熊拌起嘴，就赶快跑过去了，它肯定是想吃才会跑着去的。

指导学生朗读，读出狐狸的假惺惺，语气假装很亲切，也许还面带微笑。你们真会学习！联系上文帮助我们理解了狐狸的心思。谁来读读狐狸说的话？

"这事好办，我来帮你们分吧！"狐狸笑了笑，把奶酪拿过来掰成了两半。

① 狐狸为什么要笑呢？想想狐狸边笑心里边怎么想？

② 指导学生朗读，感叹句读得轻快，表现出狐狸的狡猾。

男女生分角色读 1 至 5 段。

4. 体会小熊兄弟的蠢笨。

（1）看插图：你看到两只怎样的小熊？

生：呆呆地，傻傻地，一动不动地望着奶酪。

（2）找找看，在狐狸分奶酪的过程中，这两只小熊是如何表现的？用波浪线画出写小熊的句子。

（3）根据学生汇报出示以下句子：

"我们有块奶酪，不知道怎么分。"（全班读）

"你分得不匀！"小哥俩嚷着说，"那半块大一点儿。"（女生读）

"可是现在没咬过的那半块又大了一点儿！"两只小熊又嚷了起来。（男生读）

（4）出示小熊和狐狸对话的句子，师生分角色朗读：

师：这事好办，我来帮你们分吧！

生：你分得不匀！那半块大一点儿。

师：真的，这半块是大一点，你们别急，看我的——

生：可是现在没咬过的那半块又大了一点！

师：真的，这半块是大一点，你们别急，看我的——

生：可是现在没咬过的那半块又大了一点！

师：真的，这半块是大一点，你们别急，看我的——

生：可是现在没咬过的那半块又大了一点！

（5）读中想象。

师：孩子们，读着读着，你仿佛看到了什么画面？

生：我看到了奶酪被一点点吃完了。

（6）是的，奶酪就这样被狐狸吃完了。出示句子，全班齐读：

狐狸就这样不停地咬着两半块奶酪，咬着咬着，奶酪被他吃光了，一点儿也没剩下。

（7）讨论：你觉得这是怎样的两只小熊？说说你的看法。

（8）眼睁睁地看着自己的奶酪被狐狸吃光了，两只小熊什么反应？齐读第 10 自然段，注意读出小熊生气的语气。

（9）看图：面对生气的小熊，狐狸是怎么做的？怎么说的？

出示第 11 自然段的句子：

"小熊，我分得可公平啦！"狐狸笑着说，"你们谁也没少吃一口，谁也没多吃一口。"

（10）讨论：你同意狐狸的说法吗？为什么？那么如何做到公平地分奶酪呢？

（11）小结：狐狸是狡猾的。小熊兄弟竟然相信一只狡猾的狐狸，真是愚蠢。

5. 分角色朗读课文。

三、指导学生书写"急、第、公"三个生字

1. 观察三个生字共同点。（上下结构）

2. 请生说观察上下结构的字应该注意什么。（看上下宽窄）

3. 师范写，生自主练习。

【名家点评】

贴着语言学语文

成都市青羊区教育科学研究院　刘文虎

细观《狐狸分奶酪》的教学设计，处处彰显着对语言文字教学的独到思考，回归语文本真，贴近语言文字的教学给予我们很多的启示。

一、扎根语言文字，凸显语文要素

字不离词，促进学生语言的积累。教学设计者关注学生对词语的积累，立足低年级词汇教学，提出了"联结生活""联系文本内容"等具体策略，为学生的学习提供了方法。如："小哥儿俩"的词语教学联系课文内容找出小哥儿俩指的是熊哥哥和熊弟弟，并联系生活拓展词语"姐妹俩""母女俩"等，从而使学生在词语中理解了"俩"的意思就是"两个人"。低年级学生的思维处于形象思维阶段，有些词语生活中不常用，像"拌起嘴来"。对于这样的学习难点，教师设计让学生借助故事情节，想象小熊兄弟会说什么，怎么说。这样唤醒了学生已有的生活经验，把抽象的词语变成形象的画面。

词不离句，突破长句子的朗读难点。本课朗读教学的一个重点是读好长句子的停顿。课文中长句子较多，老师在初读课文时由词语到句子，引导学生自主发现长句子的朗读方法。设计中老师先自己范读其中一个长句子："可是现在没咬过的那半块又大了一点儿！"随后，让学生找找文中其他长句子，自己练读，引导学生关注长句子的朗读方法。学生根据各自的理解，读出不同的停顿，真正教会学生学习。

二、贴近语言文字，感知形象

抓住关键词语，读中感知形象。教师引导学生发现狐狸"笑"背后的心思，进而读好狐狸狡诈窃喜的语气，架起文本与学生之间的桥梁。教师巧妙地在多种形式的朗读中丰满角色的形象，抽象的文字在反复的朗读中仿佛有了情感，孩子们一遍遍朗读，也就一步步贴近文本，体会人物的心情。

图文结合，丰富学生的想象。教师借助插图"图文并茂、生动形象"的优点帮助学生走进文本，启发学生思考，看看插图，说说"这是两只怎样的小熊"。引导学生从表情、动作来观察，感受小熊蠢笨的形象。孩子们在观察图画、想象故事情景的过程建立起对故事中人物的深刻印象。

三、依托文体特点，培养阅读能力

圈找信息，整合提炼。"提取信息"是本学段学生需要培养的重要阅读能力，《语文课程标准》中也着力提出培养学生"具有独立阅读的能力，学会运用多种阅读方法"。教学设计中，老师有意识地让孩子用勾画的方式找找描写狐狸和小熊的语句，在提取、分析、整合的过程中，将狐狸和小熊的形象根植心中。这才是变"教课文"为"教语文"，掌握阅读方法，为学生阅读能力的发展奠基。

抓住故事主线，有顺序地复述。思维和语言是密不可分的，复述课文，不仅发展了学生的语言，而且对发展学生的思维有着重要的意义和作用。教师依据文本特点，抓住文中的关键词语，用图表的形式帮助学生梳理情节脉络，为学生复述课文搭建支架，借助工具让思维得以外显。

根据文中信息，做出简单推断。本课的理解难点在于狐狸说它分奶酪分得很公平，表面上似乎很有道理，但实际上是完全错误的。在教学设计中，老师引导学生通过角色代入，揣摩故事中人物的真实想法，在小组讨论中，体会狐狸说法背后的真正意图。老师引导学生在讨论中理解狐狸认为的"公平"并不是真正的"公平"，启发学生联系实际生活想想"如果自己是小熊会怎么做"。这时孩子们的话匣子被打开了，有的说"不能让狐狸分，自己商量着分"；有的说"小熊兄弟不应该斤斤计较，应该一人一半"；还有的说"捡到的东西不应该说成自己的，还吃了"。这样的设计由文本过渡到了生活，帮助学生唤醒情感体验，在情境中加深对文本的理解。

统观《狐狸分奶酪》的教学设计，"贴着语言学语文"的思想在设计中得到充分的体现。因为学习与语言文字紧密关联，因为学生与文本深入对话，所以学习在课堂才能真实地发生，学生的思维之花在课堂才能尽情绽放！

统编版二年级上册《敕勒歌》

我的思考：插上想象的翅膀学古诗

理论与实践永远是紧密贴合的孪生姐妹。

好的理念，需要在一节一节的课堂中落实。

好的课堂，需要先进的理论加以指导。

统编版教材采用双线并行的单元结构方式，将人文主题和语文素养有机融合。教学中，如何将二者有机融合落地生根？《敕勒歌》作为一首流传千秋的古代民歌，城市里的二年级孩子也许早就耳熟能详了。对于这样一首学生早就会读能背的古诗，课堂上可以教什么？教的是学生的未知，教的是本课需要达成的语文要素：朗读课文，根据图画和文字展开想象。

【教学设计】

一、教学内容

统编版二年级上册《敕勒歌》。

二、教学设计及思考

1. 谈话引入，唤起认知。

有没有小朋友曾经去过草原？说说草原留给你的印象是怎样的？请你用一个词来说说。再请你用几句话说说对革命的印象。

设计意图： 生活即语文。此时，学生对草原的认知被唤醒，对于去过草原的学生来说，脑海里一定浮现出草原留给他们的印象。也许是大，也许是宽广，也许是牛羊多，也许是草青青，也许还有孩子们记忆深刻的牛粪羊粪多，这些都是他们对草原最直接的认知，都值得珍视。

2. 有一位著名的作家，他叫老舍，他也去过草原，他眼里的草原是怎样的呢？我们一起来看看。

多美的草原啊！原来作家眼里的草原跟我们小朋友看到的草原有相同的景和物，却有不同的感受。老舍先生用 200 多字就把草原的美写得让人如同身临其境。

3. 在 1500 多年前的北朝时期，人们也用了当时他们特别喜欢的一种方式赞美过草原，这就是好多同学早就会背诵的《敕勒歌》。

设计意图： 从学生的生活体验到作家的深情描述，通过这些告诉孩子，把自己眼睛看到的世界用优美的文字记录下来，会变得更加诗情画意。古人如何表达自己的所见所闻呢？由己及人，由今及古，时空交错，文化传承在此间默默浸润。

4. 自己轻声朗读课文，注意读准字音。

5. 出示"敕勒"。这两个字不常见，谁会读？

6. 谁给大家讲讲这首诗的题目？

7. 多种形式诵读古诗。

8. 我们来听听我国著名的播音员雅坤老师朗读的这首诗，听音频。

设计意图： 大部分学生幼儿时期都已经能背诵这首家喻户晓的古诗，学生对这首诗的了解不是零起点，不必花费时间在读通读顺上，而是在对诗句所描写的内容的丰富的想象上。

三、理解诗句，想象画面

1. 自己再轻声读读古诗，看看诗人在诗歌中都歌颂了草原的哪些景、物？

2. 梳理，板书：川、阴山、天、四野、风、草、牛羊。

3. "川"指的是什么？这里有两个意思，敕勒川应该选哪个？为什么？PPT出示。

4. 理解"穹庐"。穹庐指的是什么？这里为什么把天空比作穹庐？说说你的理解。

5. 闭上眼睛，此刻，你就站在那无边无际的原野上，抬头看，你看到了什么？你现在往前方很远很远的地方看，你看到了什么？你往很远很远的地方看，你又看到了什么？

小结： 天和地接在了一起，天地悠悠，这无边的草原就是敕勒人的家。哪里有草原，哪里就是敕勒人的家。所以，他们会用自己的家中的穹庐来比喻辽阔的天空。如此豪迈的情感，独属于草原的儿女，谁来读出那种辽阔？谁来读出那种豪迈？谁再来加上动作读出你看到的草原？

设计意图： 对于二年级的小朋友，如果没有去过草原，很难想象草原的壮阔。通过老师语言的提示，学生尽情展开想象，在想象中读出诗句的韵味。

四、迁移运用，理解词语

1. 有没有小朋友知道"天苍苍"是什么意思？PPT出示：那白发苍苍是什么意思？松柏苍苍又是什么意思？看着这三个"苍苍"，你有什么发现吗？（同样的词用在不同的地方，意思完全不一样呢。）

2. "野茫茫"又是什么意思呢？那海茫茫呢？雾茫茫呢？这三个"茫茫"让你又有什么发现呢？（同样的词，用在不同的事物中，意思差不多。）

3. 指导书写：苍和茫这两个字真是神奇，我们来写写这两个字。

观察苍字：什么结构？关键笔画是哪一笔？看老师在田字格中写一个"苍"字。小朋友在书上的田字格中描一个，写一个。

用同样的方法写"茫"字。特别注意这个字是上下结构，草字头要盖住三点水，注意三点水的起笔位置。

设计意图：识字写字是低段语文教学的重要任务之一。识字的过程依然是培养学生思维能力的重要环节。对"茫茫""苍苍"两个词的处理，巧妙地实现了知识的迁移和统整。对"茫""苍"两个字的书写指导，也很好地体现了二年级上册写字教学的目标：讲究字的整体结构，讲究关键笔画的准确定位。

五、在想象中读出古诗的意境

1. 寂静的草原上一片安宁。突然，起风了，出现了怎样的画面？

2. "风吹草低见牛羊"说明了什么？起风了，草低了，哎呀，我见到了一群膘肥的牦牛。

3. 句式训练："起风了，草低了，哎呀，我看到了……"

小朋友们真厉害！风一吹，草低头，你们的脑海里见到了那么多草原的景色。现在，我们都是草原小牧民，我们随风一起来读诗句吧！

大风来了，读——

（生："风吹草低见牛羊。"）

小风来了，读——

（生："风吹草低见牛羊。"）

微风来了，读——

（生："风吹草低见牛羊。"）

设计意图：二年级的学生不可能给他们讲古诗的意境，唯有通过丰富的想象，通过多种形式的朗读，把这个年龄难以理解的东西转化为可以听到的声音诵读出来，每一次的诵读都传递出他们对诗句的感悟和理解。

六、拓展延伸，升华情感

这是一首距今有1500多年的北朝民歌。每当人们站在草原上，脑海里总是会情不自禁吟诵一句"天苍苍，野茫茫，风吹草低见牛羊"。今天的我们，已经无法亲耳聆听当年敕勒族的人们在草原吟唱的歌声，但是，我们可以听到今天的草原人歌唱的声音。（放视频，在腾格尔的歌声和草原美景的画面中结课）

设计意图：古诗的学习，不一定非要学生逐词逐句程式化地理解，伴随学生审美情趣的体验，潜移默化地陶冶着学生情操，浸润着学生的心灵，在此过程中，字、词、句的意思已经内化为学生的自我体验与获得。

四年级习作指导《彼得与狼》

我的思考：用支架点燃学生习作的热情

《语文课程标准》中段习作目标中要求学生"注意把自己觉得新奇有趣或印象深刻、最受感动的内容写清楚……尝试在习作中运用自己平时积累的语言材料，特别是有新鲜感的词句"。到五年级，要求学生"养成留心观察周围事物的习惯，有意识地丰富自己的见闻，珍视个人的独特感受，积累习作素材。"然而，在实际的写作中，一个生动形象的画面，让学生用文字记录下来时，往往会变得平淡无奇，这是因为学生在写作的时候，还没有养成定格画面细节的习惯。本节习作指导课通过引导学生定格画面中不同角色的动作、神态，一步步把角色的动作写清楚，写具体，写生动，帮助学生养成良好的观察习惯，做到文字和画面一样精彩。

【教学实录】

师：这张笑脸后面挡住了一个动物，猜猜它是什么动物？

生：我觉得这是狮子，因为我看到它的尾巴还有毛像是狮子的。

生：我觉得是仓鼠，因为我观察到它的耳朵是三角形的。

师：三角形的耳朵就猜出来是仓鼠，对不对呢？再猜。

生：我觉得是豚鼠，因为我们家养过一只豚鼠，耳朵也是尖尖的，特别胖。

师：她关注到了前面的同学忽略的地方，它特别胖。

老师要告诉你们，你们都猜错了。刚才我们就像盲人摸象一样，一万种可能都能猜出来。现在我来揭晓谜底，它是谁？

生：（大笑）猫！

师：原来是一只肥猫。（画面出示"肥猫"）

（生大笑）

师：接下来，还有一只动物，你来猜一猜，它是谁？

生：我觉得是一只老鹰。因为老鹰有翅膀，尾巴也是黑色的。

师：我喜欢这个孩子的表达，说出自己的猜测之后，用"因为"这样的句式来支撑自己的观点。

生：我觉得可能是乌鸦。因为乌鸦身上的羽毛是黑色的，也有尖尖的嘴。

师：我喜欢你们的猜测。你们没有把它猜成猪，也没有把它猜成狗。因为你们关注了这个动物身上非常具有特征的部分——羽毛、尖尖的嘴。

生：还有脚上的爪子。

师：来，谜底揭晓，原来是一只普通的小鸟。这只小鸟的翅膀受伤了，不能飞翔。所以它的翅膀上绑着一根绳子。这根绳子的上方绑着什么呢？

生：飞机！

生：人！

师：天呐！难道它是一只神鸟吗？

（生大笑）

师：一只肥猫，一只受伤的小鸟，它们相遇了，会发生什么事情呢？你们来猜一猜。

生：肥猫把小鸟吃了。

师：我们来看一个故事。这个小男孩叫彼得，这只肥猫是他爷爷最心爱的宠物，在家里又极高的地位，可以和爷爷一起同枕而眠。这只受伤的小鸟是彼得救回家的。他们之间会发生什么故事呢？我们一起来看看。

（生观看视频《猫之出场》）

师：刚才发生了什么事情，你都看清楚了吗？

生：看清楚了。

师：拿出你课桌内的那张纸，把你看到的这件事情写下来。

（生写作）

师：刚才，我们看到了一个十分精彩的画面。然后呢，我们用文字把这些画面写了下来。（板书"画面""文字"）谁来读读你写的画面？

生：我看到了彼得在冰面上玩，小鸟在旁边吃东西，肥猫想吃掉小鸟，所以在慢慢接近小鸟。在离小鸟很近的时候，肥猫冲了上去。小鸟一激灵，用气球飞到了树上。肥猫因太重从冰面上掉下水了。

师：我们把掌声送给这位乐于分享自己习作的孩子。他用文字把精彩的画面讲清楚了，故事怎么发生的，经过怎样，结果怎样，都很清楚。还有谁像他这样把事情写清楚了？

生：彼得养了一只肥猫，又救了一只小鸟。他在冰上滑冰，小鸟在旁边看着彼得。肥猫想吃掉小鸟，而小鸟却什么都不知道。突然，肥猫跑了上去，小鸟赶紧靠气球飞了起来，肥猫扑通一声掉进了冰河里。

师：你是第二个愿意分享习作的孩子，我们也把掌声送给他。

师：你们刚才看画面的时候，肥猫是怎么走向小鸟的？做给我看看。

（生模仿肥猫走路的姿势）

师：哈！你看你们模仿得真是惟妙惟肖。可是呢，我刚才在看你们写的文字时，并没有看到肥猫是这样走的呀！老师班上的孩子也写了这个精彩的画面，我们来看看他是怎么写的。（出示学生习作）这个部分写的就是肥猫向小鸟走去的句子。请你们仔细看，看看和你刚才写的句子比，有什么不一样的地方。

（生默读以下片段）

　　　睡了一个大觉的猫从被窝里走出来，忽然看见彼得与鸭子在后院的冰面上滑行玩耍，不时传来一阵阵笑声。这时，猫的目光被那只站立在池边的小鸟吸引了：好肥的一块肉呀！我一定要把它捉住！

　　猫来到木门前，咂了咂嘴，伸出利爪，晃了晃。它前爪匍匐在地，以免被背对着它的小鸟发现，后爪时立时行，一步步地向前靠去。它停了下来，尾巴直竖，似汽车天线，左右摇摆。突然，它的双耳向后脑勺一贴，全身肌肉一绷，飞似的冲了出去。

　　师：谁来说说你的想法。

　　生：他写得比我的具体、生动，他把猫拟人化了。他把猫的尾巴比喻成了天线。然后把它们的动作写得很生动。

　　生：他用了比喻和拟人的手法，把猫的动作写得很逼真，让我们就像看到了猫要去吃小鸟一样。

　　师：刚才你们也写了动作，为什么他的动作就写得好呢？

　　生：因为他把猫的动作连环画了。

　　师：我懂你的意思，你是说他把猫的动作写得很连贯。你们就一个动作：肥猫向小鸟靠近。没看过动画片的人，知道肥猫是怎么靠近的吗？

　　生：不知道。

　　师：你们再看看他写的句子，看看他写了肥猫身体哪些部位的动作？

　　生：写了肥猫的嘴巴、前爪、后爪、尾巴、双耳、全身的肌肉。

　　师：也就是说，这位同学在写肥猫向小鸟扑去的时候，将肥猫的动作进行了分解。（板书"动作分解"）我们一起来读读这段话。

　　（生齐读句子）

　　师：接下来，老师把这个同学写的《猫出场》这个画面发给大家，看看哪些地方是你没写到的，而他写到了。

　　（生读下发的资料）

　　师：谁来说说你的发现。

　　生：我觉得他的第三自然段写得特别棒。

　　生：我勾画了最后一个自然段。

　　生：我觉得第一自然段写出了猫的心理活动。

师：刚才你们为什么要把这些地方勾画下来？

生：因为这里写了猫的心理活动。

师：你把这句读出来。

生：猫的目光被那只站立在池边的小鸟吸引住了：好肥的一只肉啊！我一定要把它捉住！

师：猫的心理活动刚才我们看得到吗？

生：看不到。

师：这些心理活动都是我们透过画面揣摩到的。（板书"揣摩心理"）刚才我看到我们班上也有一个小女生特别厉害，也写到了猫的心理活动，请你来读一读。

生："它看啊看，'吃掉它！'它心里想。可是又一想，'不行，我不能吃掉主人救回的这只小鸟。'它想啊想，最终，欲望吞没了一切。"

师：哇！这位同学写的猫的心理活动更厉害，竟然写到了肥猫的纠结。关注了猫的心理，就让文字变得更加精彩。

师：刚才那位同学把写肥猫的那段话给同桌同学看了后，同桌给他做了一点点修改。一起来看看——

"快跑！"听到声响后惊慌的彼得大声叫喊。"喵——"肥猫发出一声兴奋的猫叫。鸟儿回过神来，在猫向它扑来的一瞬间，它"呱"大叫一声，拼命摇摆着身子，果不其然，气球带着它飞到了老树的树枝上。猫猝不及防，收不住脚，跳到了冰面上。"砰！""扑通——"肥猫似一颗炸弹一样把冰面砸出了一个大窟窿，掉进了冰冷的池水中。

师：谁发现了同桌的厉害？

生：他写出了肥猫掉进冰面的时候猫的叫声、鸟的叫声和猫掉进水里的声音。

师：刚才我们看视频的时候，明明听到了声音，可是，我在看文字的时候，却没有看到任何的声音。所以，这就告诉我们，在描写画面的时候，拟声词的运用也会为你的文字增添很多精彩。

（板书"声音的模拟"）来，我们一起来合作读一读。你们读红色字体的句子，我读黑色字体的句子。

（师生读）

师：谁来说说，我们怎样可以做到让文字和画面一样精彩？

生：我们可以抓住画面中的人物的动作，把动作分解写清楚，还可以揣摩一下他们的心理，如果有声音的话，再写写他们的声音。

师：总结得特别清楚。如果我们不注意这样描写，我们看到的画面就是无声的，我们透过文字看到的画面就是寂寞的。如果我现在给你看一个视频，你们知道该怎么把它精彩地描写出来吗？

生：知道。

师：接下来，我们一起来看一段精彩的视频，然后用我们刚才学到的方法把它描写出来。

（生观看视频《猫之出丑》，边看边笑）

师：刚才你们边看边笑，好玩吗？好，接下来，你们的任务就是把这个精彩而又好笑的视频写下来。如果别人看你的文字看笑了，你就成功了。写完后，读给你的同桌听听，请同桌给你提提意见。

（生写作，交流）

师：我们一起来欣赏一下这位男同学写的《猫之出丑》。

生："彼得看到肥猫砸进冰窟窿里，乐得哈哈大笑起来。鸭子'嘎嘎嘎'地晃到冰窟窿边上，探头想去看看肥猫是不是还活着。突然，肥猫的两只前爪扒在了冰面上，紧接着，它的肥硕的大头冒出了水面。它一边嘴里发出'嗯！嗯'使劲的声音，一边费力地往上爬。鸭子吓得扑腾了几下翅膀跑开了。肥猫终于爬出了冰窟窿。它甩了甩头上的水，又抖了抖身上的水，最后使劲摇了摇尾巴。然后昂头挺胸，不失王者风范地往前走去。"

师：读得特别流畅。谁来评价一下，你觉得他哪些地方写得特别棒。

生：我觉得在写的时候注意了拟声词的描写。比如"嘎嘎嘎、嗯"这几个词，让我们听了仿佛就看到了肥猫和鸭子的表现一样，特别精彩。

　　师：学以致用，用上拟声词，让自己的习作变得有声有色了。不错！还有吗？

　　生：他写肥猫的动作的时候注意了动作的分解。

　　师：将动作分解后令画面感更强了。

　　生：我想给他提个建议，就是在"肥猫终于爬出了冰窟窿"后面再加上一句"此刻，肥猫变成了一只名副其实的落汤猫了"，这样就更加突出了肥猫的狼狈不堪。

　　师：这个建议非常好！来，你赶紧加进你的作文里去。其他同学还有补充吗？

　　生：他没有写到最后小鸟的表现。

　　师：对了！其实这个画面最精彩、最逗人发笑的点就在小鸟的举动上。有没有同学已经写到了这个画面的？给大家读读。

　　生："它走到了土坡上，抬头看了看树上的小鸟，心想：你这个笨蛋，看我哪天再来收拾你！小鸟在树上看到肥猫盯着自己，心里也在想：你这只肥猫，竟然想吃我！看我怎么收拾你。小鸟转过身去，对着肥猫的脸，'吧唧'，一大坨鸟屎正中肥猫的额头！"

　　师：掌声在哪里？

　　（生鼓掌）

　　师：我要请你说，你刚才为什么会鼓掌？是因为老师让你鼓的还是你自己真的想鼓掌？

　　生：我是想给他鼓掌。因为他写肥猫和小鸟的心理活动很有趣。

　　师：四三班的孩子真是了不得！《猫之出丑》这个片段的描写已经远远超越了你们对《猫之出场》那个片段的描写。时间关系，我们没有办法读到每位同学的习作，下来大家可以在小组内继续分享，听听同学的习作，听听同学的建议，再改改自己的习作，相信大家一定可以让自己的文字变得更加精彩。

【名家点评】

简单之中见功力

成都市教育科学研究院　罗良建

今天听了李海容老师的这节习作指导课，相信在座的年轻老师一定有不少收获。我把我的感受概括为三句话。

第一句话——课要上得自然真实。名师的课就是自然。看他们的课跟新老师的课总是不一样，因为他们的课该怎么样就怎么样。不像新老师，要么就急，要么就忙，要么就乱。好的课一定是自然的。今天海容老师的这节课，从她跟学生的课前谈话，到整个课堂的教学过程，自自然然，清清爽爽，没有一丝一毫的矫揉造作，让人如沐春风，非常舒服。我们的课怎么才能做到自然呢？这就是我要讲的第二句话。

第二句话——课要先慢后快，要低入高出。海容老师的这节课，第一个环节，让学生来猜，你看，好慢，好简单啊，但这正是她的高妙之处。她通过这些环节，立刻就找到了这节课的起点。因为她之前并没有见过学生，学生的整体水平必须在上课伊始就解决。老师们，我们的课不好，是因为我们盲目，盲目的原因是什么，是因为我们没有找到这节课的起点。一节课的起点是什么呢？就是学生认知的起点、情感的起点、思维的起点。

第三句话——课还要有高潮。一节课只是所谓的自然，只是所谓的慢也不行，一定要有高潮。高潮从哪里来呢？从前面的自然、前面的慢中来设计认知的冲突。在指导学生写好画面的细节时，海容老师让学生先读一段话，好不好？好。再抛出一篇文章，再看看好不好？更好！更好在哪里？引发学生的反思。她抛出的这一篇文章，在写作上叫支架，在教学上也叫支架。写作上的支架和认知上的支架，通过她的设计，一次次点燃了学生认知上的激情，引发了课堂的一个又一个精彩的出现。

他者写真励后行

诗清在风骨

松高入秋声

这，是一种人生诗意的境界

每一个人

都在生命历程中

塑造自己的风骨

行行复行行

也许，我们自己有心镜

然，他者的视觉

更接近真实

而我，更当作一份

激励——

纤秾随和
——李海容老师课堂教学风格描述

《四川教育》首席记者　　余小刚

　　世间万象，皆可描述。因为每个人都秉持尚美的个性化理解。读万卷诗书，观静水流云，描心中之美，司空图《诗品》实在是中国文化宝库中的奇葩。其"二十四"个关键词尽中国审美风格词汇之极，致续后美学家引用不辍。

　　一方时空，数十儿童，课文化以润泽生命，人间之至善，文化之至真，大道之至简，情怀之至诚，无异读诗赏文，于是观课可如读诗，赏美而以风格描写，不唯辨析策略，也存留文化。

　　以质朴的衣着外显性格的随和，以春光般的微笑走进儿童内心世界，音质清脆而富磁性，交流生动而紧扣话题，环节清晰而不露痕迹，学法指导得体而不刻意，学习过程缜密而自有梯度，知识、技能、情感态度价值观默默浸润，如莺歌探春，如浅草没蹄，如春光盈波，如碧桃露笑……课象纤秾，课境随和，这就是李海容老师的课给我的审美印象。

　　司空图这样描述其心中的"纤秾"："采采流水，蓬蓬远春。窈窕深谷，时见美人。碧桃满树，风日水滨。物明路曲，流莺比邻。乘之愈往，识之愈真。如将不尽，与古为新。"

　　阳光温润、静水流深、桃红照水、柳浪闻莺、真切传统、生机无边，纯洁而不呆板、高雅而不媚俗、纤秀中含冲淡、缤纷中有雄浑，这便是"纤秾"的美。

　　"随和"不入司空图"二十四品"，但与"纤秾"相协，强化了"纤秾"的自然而不呆板、纤秀中含冲淡的质地，体现一种随物赋形的动感和平和优雅的气质。

"纤秾随和"之美，重在纯洁而不呆板、高雅而不媚俗。体现在小语的课堂上，教学的质地纯净、语文的质地纯净。

教学的质地纯净，表现在课堂事件紧紧围绕儿童的生命发展展开，紧扣交流的生动，推进时间的进程。课堂细节不枝不蔓，课堂氛围见人见识，师生交流真实活跃，课堂环境严谨扣合。

语文的质地纯净，指语文教学的过程始终是"学习语言文字运用"的过程，听说读写是其基本的课堂表征，而探索文意、揣摩语言、习得技能、发育精神始终是课堂的基本内涵。

"纤秾随和"之美，重在纤秀而冲淡，缤纷而雄浑。体现在小语的课堂上，观念前瞻而顾传统，教学资源充足而不多余。

观念前瞻是指执教者在课堂活动中体现的时代教育哲学的充分吸纳。如教师角色从"导学"向"让学"转化，如教学设计从"文本视角"向"生本视角"转化，如课堂交流从"激励"向"理答"转化，等等。

然而观念是一个多元体系，绝不是简单的一元化取向，"转化"偏激，则流于形式而失实效，"转化"有"度"才可能升级而为方法论，所以顾及传统教学的有用成分，才是成熟教师的基本价值取向。表现在"让"而有"度"，"转"而"得体"。"生本"不呆与"文本"不对立，等等。

教学显在的时代特征是对教学资源的充分运用。作为一种基于课堂事件发展的客体性构件，资源的价值本身是服务的教学本质：发展生命。所以资源的运用既要立足于学生的兴趣，又要着眼于生命活动的发展，更要将审美和育人高度整合，这样的教学资源运用，才达到了充足而不多余的效果。才可能创造"缤纷而雄浑"的课堂境界。

"纤秾随和"之美，还在于际遇的"如将不尽"的兴味徜徉。表现在小语的课堂上，课堂趣味跌宕，结课余味延伸。

由于有以上的表现，特别是课堂见人见识，文本趣味与学生兴味充分调和，课堂精彩于徜徉其间的生成不断，精彩于语文之光的兴味跌宕和余味延伸。

　　"纤秾随和"的小学语文课堂，满于中而自然起伏，随物赋形而静水流深，有浸润之涓流，绵绵润泽，有激荡之跌宕，飞流直下，有持续探究的热情和豁然开朗的洞悉，执教者密密编织思维的串珠，学习者拳拳感知文化的灵光。

雅行天下，语文是她永远的童话

四川省教育科学研究院　刘晓军

初识海容老师，源于她的一次讲座。温婉，得体，细腻，准确，热情，专注，敬业，充满情怀，讲究品位。

后来就知道了，她曾受教育部委派，赴香港教育局语文教学支援组担任过两年教学指导教师；受国务院侨办委派，赴美国担任华文教师培训工作。她喜欢思考且乐于尝试，喜欢微笑着站在课堂上，和学生一起聊书、聊语文、聊人生，其乐自得。

优雅的担当

有缘人的重逢是必然的。当"四川省义务教育新课标背景下群文阅读推广与深化研究"全面铺开之后，海容老师选择主动融入。她敏锐地发现：群文阅读是基础教育课程改革的产物，是对传统的、单篇的课文教学的冲击。群文阅读所具有的先进的理念、开放的主题、丰富的内容、自主的学习方式和创新的教学模式，与成都市锦西外国语实验小学"以生命为本"的办学理念完全契合。正因为她的身体力行，锦西小学成功申报了"群文阅读北京下单元习作教学策略研究"项目。在集体辛勤攻关一年之后，梳理出三至六年级教材中的读写结合训练点，主研教师结合教学实际和学生实际，从中确定了纵向七个板块、横向二十四个系列的读写结合训练专题，充分发挥群文阅读的优势，从内容到句式立意、构思、结构、仿写等再到大胆创作，引领学从课前、课中、课后课外四个层面，将读与写紧密结合，抓住学生兴奋点，捕捉学生的真切感受，拓展写的空间，让学生乐于动笔，极大地促进了学生习作水平。

基于信任，从2014年5月起，四川省群文阅读总课题组盛情邀请她参加《新群文读本》编写工作。她欣然投身于其中，率领"李海容名师工作室"的一群年轻人，选文编组，锤炼文字，提纯议题，夜以继日。

2014年9月26日上午，成都师范银都小学学术厅，四川省首届群文阅读种子教师培训现场，第二节示范课，海容老师静静绽放在课堂，空谷幽兰一般。观她的教学是极美好的享受，无需什么笔记，只是微笑静赏即可。课堂是孩子们的，教师成了托起天使翅膀的人。在"愿意做阿佛还是愿意做其他小田鼠"环节，海容老师慧眼识珠，匠心独运，巧妙地捍卫着那位坚守自己的"小男孩"的"其他小田鼠梦……"让每一孩子都茁壮成长在群文课堂，让每一颗童心都和经典儿童文学作品相碰撞，读着，议着，交流着，分享着，久而久之，已分不清谁是自己，谁是作家，谁是老鼠，谁是天使……

在赢得了许多前辈和专家的认可之后，海容老师顺理成章地成为群文阅读课题研究核心团队的专家。

在《新群文读本》评改和审查中，在《四川省群文阅读课堂教学指导意见》的编制和修订中，在"四川省小学五年级学生阅读能力检测工具"研发现场，在四川省小学群文阅读观摩活动现场，在四川省群文阅读种子教师实作培训现场，在四川省群文阅读子课题评审现场，在全国第四届儿童阅读与语文创意教学观摩研讨活动现场，在《师路》统稿和改稿现场……每每关键时刻，都有海容老师的冷静准确、乐观豁达和无怨无悔，诗意在场，热情在研，勇于担当，无私奉献着。

整整一年，没有周末……

难得的执着

2015 年 12 月 11 日,重庆市九龙坡区谢家湾小学,"第十四届海峡两岸及港澳地区小学语文教学交流活动"隆重举行。海容老师应邀莅会献课,执教林海音散文《冬阳·童年·骆驼队》。她以生为本,以文为媒,紧扣问题促思,统整梳理学生的疑惑和探究,从学生最感兴趣的问题入手,披文入情,循疑而导,细读慢品,巧点妙拨。她的课堂教学是走心的,是随性的,一切皆以学情为出发点,以学生的已有认知和审美差异为凭借,点面结合,疏朗有致,酣畅而又节制,分寸感极佳。

在教学全班有三十七个孩子感兴趣的"学骆驼咀嚼"语段时,还他个设身处地,乐在其中,骆驼那么丑,那么安静,忍辱负重而并不嘈杂,喜怒不形于色,那么从容,于是变得柔美,于是物我合一,以至于小英子不由自主地"自己的牙齿也动起来"。这就是孩子的世界,大人们不懂。

在教学全班没有一个孩子感兴趣的"问骆驼去处"语段时,师生模演朗读,顺势而为中将心比心地还"两个感叹号"和"两个问号"以小中见大和平中见奇。有感情地朗读"智慧包容的、欲言又止的妈妈""敏感聪慧的、充满遐思的女儿",淡而浓的是思念之情,质朴、深沉而悠远的是缓缓的、慢慢的描述。孩子们沉入文本,得境得情,得理得法,得到跟进阅读、主题阅读的无限勇气。海容老师全程伴护,毫无牵强,毫无一丝做作,梳理统整,引导启发,精心创设,适时补充,举重若轻,自然而然。

所以,就有了与会观摩诸君关于海容老师课堂教学风格的讨论:

"海容老师的课是'无形浸润'的。"

"李老师的课是'磅礴'中的'细流'。"

"海容老师的课是纤秾、疏朗的,是迂徐、跌宕的。"

"海容老师的课是质朴的,是华彩的,是人文的,是真善美的融……"

"观海容老师的课，娓娓道来中见温润细腻，返璞归真中见匠心独运；深入浅出，举重若轻，妙语肯綮；分主次，定趣点，善回扣，有急缓；尊重学生而不盲从，引导创新而不迷失……"

课如其人，端庄典雅尽在举手投足，善行雅言尽在字里行间。

寻找悲悯之心

悲悯之心，如果能融化到日常生活中，融化到人民教师的日常教育教学中，那该是一种何等的幸福。无疑，海容老师深谙为人师者之道，捍卫儿童的权利，伴护童心的茁壮，挖掘童心世界的潜能，幼吾幼以及人之幼。她甚至于能对陌生人播撒仁爱之心，面对陌生香港老师修改课件时的手足无措，她不是三番五次地陪伴着那位老师登上五楼的录播室去做好所有的上课准备吗？她不是匠心独运地赠给仅有一面之缘的孩子们以《女孩，我悄悄对你说》和《男孩，我大声对你说》吗？她无限怜爱地谈及身边各类人、各类学生所给予她的恩赐，面对考验时的从容，遭遇尴尬时的与人为善……

在四川教育出版社出版的《师路：四川小语群英谱》一书中，海容老师这样描摹心中的理想国：

"我喜欢微笑着静静地绽放在课堂，平实中蕴含智慧和哲思。我坚信阅读是一件可以让世界、让人生变得更美好的事情。我喜欢读书，喜欢和孩子们一起走进书的世界，与经典对话。我喜欢用怜爱的目光注视每一个孩子，亦师亦友亦母亲，温暖他们，温暖自己。"

"不忘初心，心无旁骛，从未改变。外面的世界依然很精彩，我愿独守这份执着，期盼能通过群文阅读改革，打开语文教学的又一扇窗户。我喜欢安安静静做事情，简简单单教语文，我相信，你若简单，世界便是童话，内心宁静方可致远，语文教学成就了我的今天，对我而言，语文就是我的童话。"

怀着一颗捍卫专业之心做事，一群人痴迷沉醉，把语文当成安身立命之本，小语成就了我，我为小语增光添彩。改革课堂，拯救语文，舍我其谁？

恪守志愿者的身份，做四川小语的义工和志愿者，张扬利他主义，淡泊名利，建设高效而专业的小语研究共同体，为成千上万孩子的茁壮成长而殚精竭虑，诸君愿意吗？